Hold fast to dreams
For if dreams die
Life is a broken-winged bird
That cannot fly.

Hold fast to dreams
For when dreams go
Life is a barren field
Frozen with snow.

Langston Hughes, 1902 - 1967

Amerikaverrückt

Von Las Vegas durch den Südwesten der USA

Erlebnisse einer Rundfahrt

Petra Berneker

*Bibliografische Information der Deutschen Nationalbibliothek:
Die Deutsche Nationalbibliothek verzeichnet diese Publikation in der Deutschen Nationalbibliografie; detaillierte bibliografische Daten sind im Internet über http://dnb.dnb.de abrufbar.*

© 2017 Petra Berneker

*Fotos: **Claus und Petra Berneker, Jan Pusch**
weitere Mitwirkende: **Katharine und Jan Pusch***

Herstellung und Verlag: BoD – Books on Demand, Norderstedt

ISBN: 978-3-7431-8736-8

Inhalt

Vorwort oder „Der Weg ist das Ziel" 8

1. Flug und andere Abenteuer 10

2. Es geht los..19

3. Auf zum Grand Canyon 29

4. Grand Canyon und Indianerland..................................39

5. Monument Valley..48

6. Goosenecks und Muley Point 56

7. Mormonen-Fort und Needles Overlook 63

8. Arches National Park...73

9. Shafer Trail und Island in the Sky................................79

10. Von Moab nach Cannonville 87

11. Bryce Canyon und Cottonwood Canyon Road..........97

12. Antelope Canyon und Lake Powell 105

13. Horseshoe Bend und Toadstool Hoodoos 112

14. Fahrt zum Zion National Park 118

15. Las Vegas 129

16. Valley of Fire..148

17. Willow Beach...153

18. The End 158

19. Route und Hotelliste 160

20. Internetseiten 162

21. Literaturhinweise 163

22. Weitere Bücher von Petra Berneker 165

Vorwort oder „Der Weg ist das Ziel"

Unsere diesjährige USA-Reise gestaltet sich etwas anders als gewohnt. Wir sind nicht mehr nur zu zweit unterwegs (mein Mann Claus und ich), sondern wir haben meine Freundin Kathrin und ihren Sohn Jan mitgenommen, um ihnen "unser Amerika" zu zeigen.

Schon im letzten Jahr waren die beiden für eine Woche mit uns in Las Vegas und waren schlicht erschlagen von den vielen neuen Eindrücken.

Viele Gespräche folgten und so langsam entstand die Idee zu einer Rundfahrt zu viert. Da ich Erfahrung im Planen hatte, fiel mir die Aufgabe zu, auch diese Rundfahrt zu organisieren. Eine Aufgabe, die ich gerne übernommen habe. So entstand im Laufe der kommenden Wochen die Idee für die nun anstehende Runde durch den Südwesten.

Dabei wollten wir nicht nur von einer Attraktion zur nächsten hetzen, alles im Auto an uns vorbeifliegen lassen, sondern es sollten auch ein paar erholsame Momente dabei herauskommen. Zudem war eine Mischung aus (uns) bekannten Parks und für alle neuen Sehenswürdigkeiten das Ziel.

Was bei meiner Planung herauskam hat uns sehr gut gefallen. Kathrin prägte den Kommentar: "betreutes Reisen mit einer erstklassigen Reiseleitung". Jan und sie meinten, dass sie ohne diese Planung an den schönsten Stellen vorbeigefahren wären.

Uns war von Anfang an klar, dass wir nur einen sehr begrenzten Zeitraum zur Verfügung hatten, zwei Wochen sind nun mal keine Ewigkeit und reichen nie und nimmer, um „alles" im Südwesten zu sehen. Wir hätten sicher ein paar Sachen weglassen können (Grapevine Canyon, Goblin Valley, Bluff Fort oder das Valley of the Gods) und dafür ein bisschen mehr Zeit für die „großen Highlights" wie Bryce

Canyon oder Zion gehabt – und sicher ist die Route 12 zwischen Torrey und Cannonville zu kurz gekommen.
Viele Dinge, die für Claus und mich inzwischen selbstverständlich sind, haben wir völlig neu erlebt. Bestes Beispiel: das Umtauschverhalten bei Walmart. Kathrin staunte nicht schlecht, als eine Kundin einen ganzen Einkaufswagen voller Kürbisse zurückbrachte und anstandslos ihr Geld zurückbekam. Manchmal ist Amerika eben doch noch das Land der unbegrenzten Möglichkeiten. Und auch das dünne Toilettenpapier ist für uns schon lange nicht mehr erwähnenswert, Jan meinte aber, damit könne man „nicht arbeiten!".

Wir konnten auch für uns Neues verbuchen. So hatten wir z. B. schon dreimal einen Anlauf gemacht, um die Cottonwood Canyon Road zu fahren, doch einmal stimmte das Wetter nicht, einmal war die Straße gleich ganz gesperrt und einmal wollten wir die Strecke mit einem Wohnmobil nicht wagen (was wohl auch besser ist!). Diesmal stimmte einfach alles, die Straße präsentierte sich uns im schönsten Sonnenschein und in einem sehr guten Zustand.

Ich wünsche Ihnen beim Lesen genauso viel Spaß, wie wir ihn auf unserer Reise hatten.

Petra Berneker
Hochheim, im März 2017

1. Flug und andere Abenteuer

Pünktlich um 18 Uhr Ortszeit setzt unsere Maschine der Edelweiss Air etwas unsanft auf der Rollbahn des McCarran International Airport in Las Vegas auf. Nach 11 Stunden und 40 Minuten sind wir nur froh, wieder festen Boden unter den Füßen zu haben und unsere Beine ein wenig ausschütteln zu können.
Ein langer und ziemlich enger Flug liegt hinter uns, das Schütteln hat glücklicherweise erst kurz vor der Landung begonnen. Es sei dem Flugkapitän nachgesehen, der Wetterbericht hatte schon vorher „breeze" (ein Lüftchen) angekündigt.

Seit 7 Uhr morgens (Ortszeit in Deutschland) sind wir nun schon unterwegs. Der Weg zum Flughafen in Frankfurt begann gemütlich mit einem Taxitransfer. Danach folgte eine von mir verschuldete Wanderung durch den Flughafen, ich hatte die Gates verwechselt und unser Taxi mit unserer kleinen Reisegruppe nach C 40 statt nach A 40 geschickt, es folgt ein erster Test der Wanderschuhe durch den Gott sei Dank noch sehr leeren Flughafen am Sonntagmorgen.
Gestern Abend habe ich noch alle eingecheckt und so sollte das Prozedere eigentlich schnell gehen. Denkste! Obwohl wir alle gleich aussehende Bordkarten haben, mag die Maschine die von Claus und mir nicht akzeptieren, wir müssen an den Schalter. Aber wie gesagt, es ist Sonntag und alles leer, es geht schnell. Wie immer sind unsere Koffer fast bis auf das letzte zulässige Gramm gepackt, sie wiegen 22 kg und 21,5 kg (die Höchstgrenze für einen Transatlantikflug liegt bei 23 kg pro Koffer und bei 8 kg pro Handgepäck – Stand Oktober 2016).

Während Kathrin und Jan danach die Security anstandslos passieren, werden wir wieder herausgefischt – Claus' Fotorucksack ist der Stein des Anstoßes, aber das kennen wir schon (wir haben in den vergangenen Jahren den Eindruck gewonnen, dass Terroristen grundsätzlich den mitgeführten Sprengstoff in einem Fotorucksack transportieren, der deshalb jedes Mal vom Grenzschutz auf Sprengstoff untersucht werden muss). Trotz des Hindernislaufs sind wir viel zu früh am Gate. Sogar so früh, dass dieses noch von den Passagieren des vorher startenden Fluges nach Budapest besetzt ist. Wir finden trotzdem ein Eckchen für uns vier und genießen den Blick aus dem Fenster. Heute früh hatte noch keiner richtig Hunger (wohl doch ein wenig Reisefieber), aber jetzt genießen wir die noch in letzter Sekunde eingepackten Reste von gestern, Brezeln, Käse, Birnen und dazu gibt es einen frischen Kaffee (Kathrin hat noch nicht genug von der bisherigen Wanderung und geht noch einmal bis zum nächsten Kaffeekiosk zurück, um uns zu versorgen).
Die Lufthansa bringt uns mit einem kleinen Hopser in knapp 50 Minuten nach Zürich. Die Stewardessen müssen ganz schön schnell sein, damit sie es schaffen, allen Fluggästen ein Getränk zu servieren und die Gläser dann auch wieder einzusammeln.
Der Flughafen Zürich (früher Zürich-Kloten, weil er sich 13 km nördlich von Zürich entfernt auf dem Gebiet der Stadt Kloten befindet) wurde schon 1948 gebaut, macht aber einen sehr modernen Eindruck. Er hat zahlreiche Auszeichnungen von Reisenden bekommen. Auch wir finden den Flughafen übersichtlich, modern, sauber – und unfassbar teuer!
Da wir fünf Stunden Zeit haben, bis unser Flieger geht, starten wir einen Bummel durch den Duty Free Shop. Die Preise treiben uns aber schnell wieder nach draußen. Alkohol und Zigaretten sind genauso teuer wie in einem normalen Geschäft in Deutschland. Und die Schokolade ist sogar teurer.

Wir gönnen uns einen Milchkaffee, der „nur" 6,90 CHF (der Schweizer Franken ist zurzeit im Wert fast identisch mit dem Euro) kostet. Kein Wunder, dass wir uns ziemlich lange daran festhalten.

Selbst die Preise bei Burger King verschlagen uns den Appetit. Vielleicht bietet das kleine Lebensmittelgeschäft Marché etwas an. Die 0,5 l Cola kostet 5,95 CHF, das Wasser auch, der Fruchtsaft soll gleich mal 7,95 CHF kosten. Zum gleichen Preis ist auch ein mittelprächtiges Thunfisch-Sandwich zu bekommen. Also doch zurück zum Burger King. Ein Cheeseburger für 6,95 CHF und eine Portion Pommes in XL für 5,90 CHF stillen unseren Hunger. Die Schweiz ist ein kleines Land, da hat XL, meint Jan, wohl eine ganz andere Bedeutung. In den USA würde diese Portion noch nicht einmal als „small" durchgehen. Getränke? Wozu gibt es Wasser aus der Leitung?

So langsam geht unsere Wartezeit zu Ende und wir fahren mit der Skytram zum Terminal E. Warum die Skytram „Sky"-tram heißt, obwohl sie durch einen Tunnel führt, erschließt sich uns nicht. Doch dann müssen wir schmunzeln. Die vorbeifliegenden Wände sind mit Kühen bemalt und aus dem Lautsprecher ertönen Muhen und Kuhglocken. Typisch Schwyz.

Am Gate müssen wir uns noch einmal anmelden, dazu wird die erste Anschrift in den USA benötigt. Ich bin erleichtert, waren meine Vorbereitungen doch nicht umsonst. Ich verteile die vorbereiteten Zettel an meine „Reisegruppe".

Boarding – und wieder leuchtet es rot und ein „Ping" ertönt – und wieder bei uns. Diesmal ist der Grund nachvollziehbar. Wir haben Sitze mit mehr Beinfreiheit am Notausgang und es ist Vorschrift, dass sich das Personal davon überzeugt, dass die Passagiere, die hier sitzen, bei einer möglichen Notsituation in der Lage sind, den Anweisungen des Bordpersonals zu folgen. Dann sitzen wir endlich in der rappelvollen Maschine. Ganze drei Plätze sollen noch frei sein,

wir können aber keinen davon sehen. Edelweiss Air ist eine Tochtergesellschaft der Swiss Air und eindeutig eine Chartergesellschaft. Die Sitzabstände sind eng. Dabei ist der Service durchaus gut, das Essen ist schmackhaft und es gibt zwischendurch sogar ein Eis, allerdings, wie nicht anders zu erwarten, Alkohol nur gegen Bezahlung.
Der Flug verläuft ereignislos. Das Essen kommt und geht, der Duty Free Verkauf läuft ab, das Unterhaltungsprogramm flimmert neben mir (ich lese lieber), über Grönland scheint die Sonne, wir sehen Eisberge.

Landung. Wir sammeln unsere Sachen zusammen und verlassen die Maschine. Da wir um diese Zeit das einzige Flugzeug sind, das gelandet ist („normale" Touristen verlassen am Sonntag eher die Stadt), ist die Schlange beim Immigration Officer sehr übersichtlich. Es sind zudem alle Schalter offen und die Abwicklung geht sehr zügig. Senior Rodriguez hat außerdem offensichtlich gute Laune. Am anderen Schalter, bei Kathrin und Jan, stockt es ein wenig. Kathrin hat „mein" Problem übernommen, sie hat nach dem Flug so trockene Haut, dass ihre Hände keine Abdrücke auf dem Display hinterlassen. Ihr Officer hat zudem nicht so gute Laune, ärgert sich über die Touristen, die ihn nicht gleich verstehen (meint er jedenfalls, doch daran liegt es nicht, sondern nur an der trockenen Haut).
Während wir am Baggage Claim auf unsere Koffer warten, nerven uns mehrere Lautsprecherdurchsagen. Im gesamten Flughafen, wird uns kundgetan, ist jetzt Fotografieren und der Gebrauch von Handys untersagt.
Unsere Koffer kommen als letzte. Mir schießt der Gedanke durch den Kopf, dass wir wohl nicht so ruhig hier stehen würden, wenn ein Anschlussflug auf uns warten würde (dies ist einer der entscheidenden Gründe, warum ich immer versuche, entweder einen Direktflug oder einen Flug mit einem

Zwischenstopp in Europa zu buchen, es ist eindeutig stressfreier, denn man kann nie wissen, wie lange die Prozedur bei der „Immigration" dauert. Wir haben schon mehr als einmal erlebt, dass Reisende „gestrandet" sind, weil sie den Anschlussflug nicht mehr erreicht haben. Besonders ärgerlich ist dies, wenn dann noch eine Übernachtung droht, weil der Flug der letzte an diesem Tag zum Zielort war – und denken Sie bitte nicht, das könne Ihnen bei einer Buchung im Reisebüro nicht passieren!). Wir geben unsere Zollerklärung ab (Zoll ist bei der Einreise meist kein Thema) und sind draußen an der frischen Luft. Der Bus zum Rent-A-Car Center kommt auch umgehend und wir steigen ein.

Nach einer kurzen Fahrt sind wir am Center und laufen gleich durch in die Garage. Wir möchten uns gerne erst die Auswahl an Fahrzeugen ansehen, bevor wir Claus zu Alamo an den Schalter schicken.

Der von uns vorgebuchte SUV erweist sich als zu klein, wir werden also upgraden müssen. Eine hilfreich herbeieilende Mitarbeiterin versetzt uns einen Schock, als sie auf Nachfragen erklärt, einen Fullsize (die nächste Größe) hätte sie nicht mehr. Wir deuten hilflos auf einen ziemlich großen Wagen, der am Ende der Garage steht. Ach so, SUV, doch, da hätte sie gerade noch den da. Na, Gott sei Dank.

Wir gehen zu dem dunklen Wagen, dessen Farbe im künstlichen Licht der Garage nicht klar zu erkennen ist. Als wir den Wagen erreichen, brechen wir in Gelächter aus. Wir stehen vor einem funkelnagelneuen Chevrolet Suburban – meinem heimlichen Traumauto. Schon bei der Planung hatte ich mich in diesen Autotyp verliebt.

Claus geht mit Jan zum Schalter, Kathrin und ich verteidigen den Suburban. Das Upgrade kostet natürlich, aber wir haben vorher schon ausgerechnet, was so ein Upgrade kosten darf, damit es nicht teurer wird als eine entsprechende Buchung dieser Fahrzeuggröße vorab aus Deutschland.

Claus hat einen Etat von max. 50 $ pro Tag, wir hoffen, dass das reicht.

Nach ein paar Minuten kommen unsere Männer zurück, undurchsichtige Mimik, suchender Blick über die Reihe der Midsize SUVs, dann erreichen sie uns und erklären, der Aufpreis betrüge 75 $ pro Tag. Es verschlägt uns die Sprache – so viel??

Doch dann geht ein Strahlen über Claus' Gesicht. Er hat gut verhandelt. Bei unserer Mietdauer von 21 Tagen hatte die Managerin Bree ein Einsehen und für 30 $ mehr pro Tag gehört der Suburban uns (ich stelle hinterher bei der Abrechnung fest, dass dazu noch jede Menge Steuern unterschiedlicher Institutionen kommen (1.1), aber insgesamt bleiben wir deutlich unter den 50 $ pro Tag).

Wir verstauen unsere Koffer und fahren los in Richtung Strip (für Neulinge: so wird allgemein der Las Vegas Boulevard bezeichnet). Vor dem Hotel Luxor staut sich der Verkehr, es scheint hier eine Veranstaltung stattzufinden. Abbiegen in die Tropicana Richtung Boulder Highway.

Bevor wir das Hotel erreichen, wollen wir noch ein paar Kleinigkeiten einkaufen. Da es doch schon ziemlich spät ist, fragt Kathrin etwas zaghaft nach den Öffnungszeiten. Jan erklärt, dass die meisten Lebensmittelgeschäfte 24 Stunden 7 Tage die Woche geöffnet haben (ich hatte ihm das Prinzip 24/7 schon auf seine Frage hin in Zürich erklärt). Ein Laden der Kette VONS (1.2) springt uns in den Weg. Wasser, Bier, ein Sandwich, Chips und ein paar Pretzels wandern in unseren Einkaufswagen – Grundnahrungsmittel eben, der Großeinkauf ist für morgen vorgesehen. Meine Kundenkarte ist noch im Koffer, aber auf Nachfragen wird der Betrag einfach an der Kasse abgezogen und wir bezahlen nur 44 $ statt 55 $ (1.3). Kathrin ist verblüfft.

Schnell erreichen wir die Eastside Cannery (http://www.eastsidecannery.com/), unser vorgebuchtes Hotel für die erste Nacht (1.4). Claus macht den Check-in und wir bekommen zwei Zimmer im 7. und 9. Stock, jeweils am Ende des Flurs. Während wir auf unsere Koffer warten, die uns vom Bell Boy gebracht werden sollen, sehen wir uns ein wenig im Zimmer um. Wir fragen uns, warum eine Wand mit einem Vorhang verhängt ist. Als wir neugierig hinter den Vorhang schauen, kommen wir aus dem Staunen nicht heraus. Wir haben ein Eckzimmer erwischt, und die breite Fensterfront bietet einen unglaublichen Ausblick auf die Skyline von Las Vegas.

Bei einem kleinen Bier lassen wir diesen ersten Tag nochmal Revue passieren – bisher hat alles gut geklappt. Kathrin möchte noch eine Zigarette rauchen und fährt deshalb mit dem Fahrstuhl nach unten. Doch dabei geht sie verloren – auf welchen Knopf soll sie drücken? Sie entscheidet sich intuitiv für den unteren mit der Bezeichnung „C". Wir können aufklären, „C" steht nicht für Erdgeschoss, sondern für Casino – und dies befindet sich in diesem Hotel eben im Erdgeschoss.

Anmerkungen ☺😐☹

1.1

Insgesamt sieht die Abrechnung so aus, dass wir folgende Zusatzgebühren bezahlen müssen:

Upgrade (21 Tage à 30,00 $)	630,00 $
Conc Rec (10 %)	63,00 $
County Tax	12,60 $
Gov Fee (10 %)	63,00 $
Sales Tax (8,15 %)	51,35 $
Gesamtsumme	819,95 $

Falls Sie sich fragen, was eine Conc Rec ist, so im Folgenden eine kleine Erläuterung:
Die Abkürzung meint "Airport Concession Recovery" und ist eine Steuer, die vom Anbieter, in unserem Falle Alamo, erhoben wird, weil wir mit einem Flugzeug am Flughafen angekommen sind (alles klar ☹ ?).
Wenn Sie also ein Upgrade machen wollen, bedenken Sie, dass der Vermieter dann zusätzlich alle gängigen Steuern erhebt.

1.2

Eine Liste der Supermarktketten finden Sie unter:
https://en.wikipedia.org/wiki/List_of_supermarket_chains_in_the_United_States

1.3

Einige Geschäfte operieren mit **Kundenkarten**. Wenn Sie im Besitz einer solchen Karte sind, bekommen Sie in den Geschäften wechselnde verschiedene Waren als Sonderangebote zu sehr günstigen Preisen. Kundenkarten erhalten Sie kostenlos an den Kundeninformationen (Customer Services) im Eingangsbereich der Geschäfte. Sie füllen nur kurz ein Formular aus und erhalten danach sofort für den ersten Einkauf Ihre Kundenkarte. Manchmal reicht auch, wie hier bei uns, das Nachfragen an der Kasse.

1.4

Für diesen Urlaub habe ich alle Zimmer vorgebucht. Dies machen wir sonst nicht, aber da wir in diesem Urlaub zu viert unterwegs sind und demzufolge 2 Zimmer brauchen, erschien diese Vorgehensweise sicherer. Sie hat sich auch an einigen Stellen als äußerst sinnvoll erwiesen (siehe Moab, doch dazu später).

2. Es geht los

Wie immer am ersten Tag werde ich früh wach. Ich lasse Claus schlafen, dusche schnell und schleiche mich aus dem Zimmer. Es ist 5.30 Uhr, Kaffee gibt es leider erst ab 6 Uhr. Draußen vor der Tür wird es so langsam hell. Gleich neben dem Eingang steht unser Auto. Wir waren wohl gestern Abend so spät, dass es nicht mehr in die Garage gefahren wurde. Na, dann sollte das Auschecken ja heute schnell gehen.

Um kurz nach 7 Uhr treffen wir uns alle in der Lobby. Kathrin und Jan staunen über die Spieler, die schon an den Automaten sitzen. Sind die noch vom Vortag übergeblieben? Wer weiß das schon? Das Hotel hat zwar kein Buffet zu bieten, aber mit der Players Card (2.1) bekommt man ein Breakfast Special im Restaurant (hier gilt übrigens eine Players Card für den ganzen Tisch, dies ist aber nicht immer und überall der Fall). Dieses Special umfasst Toast, Hash Browns, Eggs (any style), Bacon oder Sausage oder Pancakes (2.2). Wir müssen unseren Neulingen ein wenig bei der Bestellung helfen, denn die Fragen der Bedienung prasseln gnadenlos auf sie herab. Auch wir sind weit davon entfernt, jedes Wort zu verstehen, aber da wir wissen, was gefragt wird, ist die Entscheidung für uns einfacher. Unsere Bedienung, die auf den Namen Brenda hört (es ist üblich, dass sich die Bedienung mit Vornamen vorstellt, etwa: „Hi, I'm Brenda, I'll be your server for today. If you need any help, please ask."). Da heute mein Geburtstag ist, hat Claus für ein wenig Dekoration gesorgt. Brenda gratuliert auch gleich, aber meinen Kaffee bekomme ich nicht geschenkt, wie ich im ersten Moment angenommen habe, sie hat schlicht vergessen, ihn auf die Rechnung zu schreiben.

Wir holen gestärkt unsere Koffer vom Zimmer und Claus checkt für uns alle aus. Wir brauchen noch ein wenig Zeit, um die Koffer in einer gewissen Ordnung im Kofferraum unterzubringen. Das muss sich erst noch ein wenig einspielen. Anschließend wollen wir erst einmal für die ersten Tage einkaufen. Unsere Route führt uns durch etwas abgelegenere Gegenden, in denen nicht mit einem „Walmart" zu rechnen ist (2.3).

Wir arbeiten unsere **Einkaufsliste** sorgfältig ab.

Stabfeuerzeug oder Streichhölzer, Grillkohle samt Grill, Müllsäcke (reißfest mit Zugband), Frischhaltefolie für Reste, Aluminiumfolie, Küchenpapierrolle, Campingstühle und eine Kühlbox für Getränke. Die Größe der Kühlbox führt zu ersten Diskussionen. Ich hatte mich vorher im Internet schlau gemacht, aber die von mir ausgewählte Kühlbox erscheint meiner „Reisegruppe" zu groß. Ich werde überstimmt (es soll sich zeigen, dass die Kühlbox, für die wir uns entscheiden, völlig ausreichend ist; eine größere hätte neben dem vielen Gepäck nur schwer in unser Auto gepasst). Claus möchte noch Tire Sealant und Tire Top Off Inflator von Slime (für die schnelle Reparatur und das Wiederaufpumpen eines platten Reifens im Hinterland - nur für Notfälle). Nachdem wir unseren Einkaufswagen durch die Kasse geschoben und die Einkäufe im Auto verstaut haben, fahren wir noch zu Albertsons. Hier gibt es Lebensmittel in kleineren Mengen (aber was heißt schon „klein" in Amerika).

Die Liste umfasst einige Grundnahrungsmittel:

Milch, Trinkwasser/Mineralwasser, Brot, Fruchtsaft, Obst, Käse, Süßigkeiten, Kekse, Butter, Nüsse und ein paar Bonbons. So, jetzt sind wir fertig! Halt, da fehlt noch etwas. Sollten wir in diesem Urlaub planen, keinen Alkohol zu uns zu nehmen? Gegen ein schönes Bier zum Grillen kann doch keiner was sagen. Also noch einmal halten, diesmal bei Lee's Discount Liquor (2.4). Dort erstehen wir Bier, eine Flasche Whiskey und für meine Geburtstagsfeier eine Magnum Flasche Sekt.

So, jetzt sind wir aber gut ausgestattet und es kann endlich auf die Route gehen (2.5).

Unser erster Halt heute soll der Grapevine Canyon sein. Wir waren schon einmal hier, aber das ist lange her. Die Felszeichnungen haben uns damals stark beeindruckt.

Unser Weg führt erst einmal durch Henderson Richtung Boulder City. Bevor wir die Stadt erreichen, biegen wir nach rechts ab auf den Highway 95. Geradeaus würden wir den Hoover Dam erreichen, den wir im letzten Jahr besichtigt haben. So können wir ihn guten Gewissens links liegen lassen.

Sofort nimmt uns die Wüste gefangen. Es ist kaum zu glauben, dass wir nach nur 25 Meilen mitten im Nichts sind. Dabei waren wir doch vor einer knappen Stunde noch mitten in Las Vegas. Wir passieren eine Shooting Range (Schießplatz) und eine Solaranlage. Orte, deren Namen keinem etwas sagen, fliegen an uns vorbei. Searchlight, Cal-Nev-Ari (ich habe irgendwo gelesen, dass dieser Ort so heißt, weil er an der Grenze von Californien, Nevada und Arizona liegt), Palm Gardens. Ein paar Häuser, ein Post Office, ein Campground. Searchlight hat sogar ein McDonald's und eine Tankstelle. Palm Gardens hat ein Ortsschild und die Abzweigung nach Laughlin (Highway 163). Beinahe hätten wir die Abzweigung zum Grapevine Canyon verpasst (2.6). Die Straße geht auf dem gut ausgebauten Highway nach links ab in die Christmas Pass Road. Zum ersten Mal sind wir froh, dass wir einen SUV haben, denn die Straße ist nicht geteert, aber in einem doch akzeptablen Zustand. Wie das Fahrgefühl in einem kleineren Auto wäre, wollen wir uns aber lieber nicht vorstellen. Nach kurzer Zeit erreichen wir einen Wanderparkplatz mit ein paar Hinweisschildern. Wir werden darüber informiert, dass wir auf eigene Gefahr wandern und dass der Weg nicht unterhalten wird. Wie lang er ist und was man sehen kann, wird uns nicht mitgeteilt.

Wir ziehen unsere Wanderschuhe an, packen Wasser ein und marschieren los. Aus der Erinnerung meine ich zu wissen, dass es bis zu den Felszeichnungen nicht allzu weit ist. Schon nach ein paar Metern tauchen wir in die Faszination der Felsen ein, die rechts und links des Flussbettes aufragen. Wir verlieren Jan aus den Augen, der zwischen den Felsen herumklettert. Er muss unter seinen Ahnen definitiv eine Gämse gehabt haben. Kathrin, Claus und ich bleiben lieber im Flussbett (oder in der Sandfurche, die mal ein Flussbett war). Die Felsen rücken ein wenig näher an das Flussbett heran und plötzlich sehen wir um uns herum in den Felsen Indianerzeichnungen in Hülle und Fülle. Die Felsen sind übersät mit Zeichnungen. Zum ersten, aber nicht zum letzten Mal in diesem Urlaub bekommen unsere Fotoapparate eine Fehlfunktion. Sie lösen fast ununterbrochen aus. Unserer Fantasie sind keine Grenzen gesetzt. Geschwungene Linien, geografische Muster, einzelne Männchen, Tiere mit langen geschwungenen Hörnern und, und, und.

Fels mit Indianerzeichnungen im Grapevine Canyon

Und dann entdecken wir auch noch „Wildlife". Zwischen den Steinen tummeln sich zahlreiche Echsen, die hier ein wenig Schatten suchen. Ihre Tarnung entspricht fast genau der Farbe der Felsen, sie sind auf den ersten Blick kaum zu entdecken. Aber sie halten so lange still, bis wir unsere Fotos gemacht haben.

Da wir heute noch ein volles Programm haben, reißen wir uns schweren Herzens los und gehen den kurzen Weg zum Parkplatz zurück. Aber wir nehmen einen bleibenden Eindruck mit.

In Laughlin passieren wir den Colorado und verlassen Nevada. Die Grenze zu Arizona ist durch die vielen Casinos auf der anderen Flussseite deutlich auszumachen. Über Bullhead City und Fort Mohave geht es an vielen Neubaugebieten und grünen Golfplätzen vorbei wieder mitten in die Wüste. Wir folgen der Straße am Mesquite Creek entlang nach Osten in die Berge. Die Landschaft wird wieder unwirklich, schon nach kurzer Zeit steigt die Straße wieder an und windet sich erneut durch Felsen. 30 Meilen hinter Laughlin erreichen wir Oatman (2.7). Oatman ist eine ehemalige Goldgräberstadt in den Black Mountains. Ihre Blütezeit war aber nur kurz, etwa von 1915 bis 1921. Die Stadt überlebte noch bis etwa 1960, weil sie von vielen Reisenden auf der alten Route 66 (2.8) als Versorgungsstelle genutzt wurde. Endgültig starb die Stadt nach dem Bau der Interstate 40.

Sie liegt an der ehemaligen Route 66 und ist heute ein beliebter Treffpunkt für Touristen aus aller Welt. Hier tobt das touristische Leben und hier toben die Esel. Oatmans "wild burros" sind Nachkommen der Esel, die die Minenarbeiter in die Stadt brachten. Als diese nicht länger für die Arbeit in den Minen gebraucht wurden, wurden sie einfach laufen gelassen.

„Wilde" Esel in Oatman

Zwischen den alten Häusern, die heute zu Geschäften umfunktioniert sind, in denen man jeden touristischen Trödel erstehen kann, den man sich nur vorstellen kann, treiben sich auf der Straße wilde Esel herum. Vielleicht ist der Begriff „wild" hier allerdings ein wenig fehl am Platz. Wir schlendern die Hauptstraße herauf und auf der anderen Seite wieder herunter, zwischendurch machen wir einige Abstecher in die Geschäfte, ohne allerdings etwas zu kaufen. Als wir wieder in unser Auto einsteigen wollen, haben drei Esel die gleiche Idee. Es kostet uns einige Mühe und es gelingt Claus und Jan nur mit vereinten Kräften, die unfreiwilligen Mitfahrer von ihrem Vorhaben abzubringen, in unseren Kofferraum zu klettern.
Auf dem Highway 10 geht es Richtung Kingman. Wir fahren zuerst wieder ein Stück durch eine bergige Landschaft, passieren den Sitgraves Pass und erreichen Cool Springs. Hier steht am Straßenrand eine alte Tankstelle, noch aus der Zeit der aktiven Route 66. Sie schreit förmlich danach, von uns fotografiert zu werden.
Schließlich erreichen wir Kingman und damit die Interstate 40. Nach einer weiteren Stunde kommen wir an unserem Tagesziel für heute an, der kleinen Stadt Seligman.

Die Canyon Lodge ist ein kleines, aber feines Motel mit Themenzimmern. Claus und ich schlafen in „Marylin Monroe", Jan und Kathrin bekommen es mit „John Wayne" zu tun (auf der Internetseite des Hotels können Sie sich die einzelnen Zimmer ansehen).

Ich habe mir für heute ein Abendessen bei Lilo's (http://www.westsidelilos.com/) gewünscht. Westside Lilo's Café ist eine Institution an der Route 66. Lilo, die aus Wiesbaden stammt und vor Jahrzehnten in die USA auswanderte, bewirtschaftet das Lokal auch heute noch gemeinsam mit ihrem Mann. Sie freuen sich immer über deutsche Gäste und sind zu einem Schwätzchen aufgelegt. Hier ist alles rustikal eingerichtet, an den Wänden hängen unzählige deutsche Autokennzeichen friedlich neben Hirschgeweihen und alten Sepiafotos. Die Burger sind ausgezeichnet, besonders für den Kuchen muss man allerdings schon gehörig Hunger mitbringen. Wir lassen den Abend friedlich mit einer Zigarette und einem Whiskey vor dem Hotel ausklingen.

Anmerkungen ☺☐☹

2.1

Wenn man in einem Hotel in Las Vegas übernachtet, sollte man sich eine **Players Card** besorgen. Man „registriert" sich dafür beim Players Club (fragen Sie einfach einen Hotelangestellten, wo dies möglich ist) und bekommt eine Art Scheckkarte. Diese kann man zum Punktesammeln in die Automaten stecken oder an den Tischen dem Croupier geben. Neben dem Punktesammeln, das sich wirklich nur für intensive Spieler lohnt, bekommt man aber häufig auch einen **Rabatt** in den Restaurants oder im Buffet.

2.2

Wenn Sie ein Frühstück bestellen, werden Sie mit einem Haufen Fragen konfrontiert. Welchen Toast möchten Sie? Wheat (Weizen), White (Buttertoast) or Rye (Roggen)? Wie möchten Sie Ihre Eier (scrambled (Rührei), sunnyside up (Spiegelei) oder overeasy (Spiegelei von beiden Seiten gebraten, also in der Pfanne gewendet))?
Kaffee gibt es mit oder ohne Cream (Kaffeesahne), normal oder decaffeinated (entkoffeiniert).
Pancakes gibt es als half oder full stack (half stack sind meist zwei Pancakes und für Europäer meist völlig ausreichend).

Auf den folgenden Seiten können Sie sich ein paar Informationen vorab holen:
http://www.usa-kulinarisch.de/kategorie/fruehstueck/
http://www.usatipps.de/tipps/aufenthalt/essen-und-trinken/
http://www.magazinusa.com/us/info/show.aspx?unit=travelinfo&doc=21

2.3

Walmart ist ein sogenannter Department Store, ein Laden, in dem es einfach alles gibt, von Campingbedarf über Autozubehör, Elektronik, Lebensmittel (allerdings meist nur in größeren Mengen), Bekleidung, Gartenbedarf und, und, und...

Deshalb ist am Anfang eines Amerikaurlaubs ein Besuch beim Walmart fast unerlässlich. Dabei ist eine Einkaufsliste hilfreich, denn die Geschäfte sind sehr groß und man verliert sonst viel Zeit beim Suchen der Artikel.
Anschriften des nächstgelegenen Geschäfts finden Sie unter:
https://www.walmart.com/
https://de.wikipedia.org/wiki/Walmart

2.4

Wenn wir in Las Vegas alkoholische Getränke kaufen, tun wir dies immer bei Lee's. Die Preise sind dort günstig und man bekommt alles:
http://leesliquorlv.com/
In Nevada gibt es auch in den Supermärkten Bier und Wein, bei jedem Walmart ist auch hochprozentiger Alkohol zu bekommen. Dies ist allerdings nicht überall in den USA so. Jeder Staat hat mehr oder weniger eigene Gesetze, Sie müssen sich also vorab informieren. Generell sind die Gesetze in Utah besonders streng.
http://www.usa-reisetipps.net/essen-trinken-usa/alkohol-in-den-usa
http://www.magazinusa.com/us/info/show.aspx?unit=travel-info&doc=310

2.5

Eine Karte unserer Route und die einzelnen Stationen und Hotels, in denen wir übernachtet haben, finden Sie unter Kapitel 19.

2.6

https://www.nps.gov/lake/planyourvisit/hikegvine.htm
http://www.alltrails.com/trail/us/nevada/grapevine-canyon-trail

2.7

Einige Informationen über Oatman und die wilden Esel finden Sie auf den folgenden Seiten:
http://www.oatmangoldroad.org/
http://www.desertusa.com/oatman/du_oatman.html
http://www.legendsofamerica.com/az-oatman.html
https://de.wikipedia.org/wiki/Oatman
http://www.usa-reisetipps.net/usa-rundreise-westkueste/arizona/oatman

2.8

Informationen über die Route 66 würden sicher den Umfang dieses Buches sprengen:
https://en.wikipedia.org/wiki/U.S._Route_66
http://www.historic66.com/
Auf der folgenden Seite finden Sie einen Routenverlauf der Strecke zwischen Seligman und Needles über Oatman, für uns eines der schönsten und sehenswertesten Stücke der alten Straße:
http://www.historic66.com/arizona/det-az4.php

3. Auf zum Grand Canyon

Der Jetlag wirkt immer noch. Wir sind alle ziemlich früh wach.
Kathrin hat sogar schon versucht, Kaffee zu kochen. Es ist auch eine Kaffeemaschine auf dem Zimmer und auch Beutel mit Kaffee sind vorhanden, doch wo sind die Filtertüten. Woher soll sie auch wissen, dass der Kaffee quasi in die Filtertüten integriert ist. Zudem muss die ganze Aktion auch noch im Dunkeln vonstattengehen, denn wo um Himmels willen ist der Lichtschalter für die Nachttischlampe? Auf Anhieb kommt man auch nicht auf die Idee, dass sich dieser direkt unter der Glühlampe befindet.
Hunger haben wir keinen, nach dem reichhaltigen Abendessen gestern bei Lilo's. So trinken wir nur neben dem Office unseres Hotels einen Kaffee und essen einen Bagel.

Ein typischer Oldtimer auf der Hauptstraße in Seligman

Danach bummeln wir durch Seligman. Wir sind so früh dran, dass noch kein Mensch unterwegs ist. Eine gute Möglichkeit, Fotos zu machen, ohne Touristen mit abzulichten. Die Sonne scheint und es wird spürbar wärmer. Am Ende der Straße entdecken wir in einem Hinterhof alte Autos, aber

nicht nur irgendwelche alten Autos, es sind die Vorbilder für die Autos aus dem Trickfilm „Cars". Sie sehen zauberhaft aus. Wieder entstehen zahlreiche Fotos. Auch eine einsame Katze, die durch die Straßen streift, wird abgelichtet. Natürlich müssen wir uns auch den Barber Shop von Angel Delgadillo (3.1) ansehen. Angel ist eine Berühmtheit, denn er hat als einer der Initiatoren und Mitbegründer der Arizona Route 66 Association die Route 66 wieder zum Leben erweckt. Als Frisör ist er schon lange im Ruhestand (ab und zu kann man ihn aber auch noch heute in seinem Laden antreffen).
1987, als ein weiterer Abschnitt der Interstate 40 in Betrieb genommen wurde, blieben die Kunden weg. Angel und sein Bruder Juan wollten sich jedoch nicht ihrem Schicksal ergeben, sondern gründeten die erste Route 66 Association in Arizona. In den Folgejahren wurden in anderen Bundesstaaten ebenfalls solche Vereinigungen gegründet. Ein Höhepunkt in Angels Leben war, dass die Route 66 von der amerikanischen Regierung als "historisch" anerkannt wurde. Heute ist sein Geschäft, das ihm und seiner Frau Wilma gehört, Sitz des Visitor Centers der Stadt.
Wir müssen hier auch ein Souvenir erstehen, ein hübscher Becher begleitet uns auf der Weiterreise. Bevor wir Seligman endgültig verlassen, statten wir dem örtlichen Post Office noch einen Besuch ab. Auch in den heutigen modernen Zeiten braucht man noch ab und zu eine Briefmarke für eine bunte Ansichtskarte.
Wir folgen der alten Route 66 noch ein wenig nach Osten, bevor sie schließlich von der Interstate 40 verschluckt wird. Neben der Straße verläuft die Eisenbahnstrecke und wir werden von einem Güterzug verfolgt. Von vier großen Loks gezogen, quält sich dieser über die Ebene.
Nach einer knappen Stunde erreichen wir Williams, wo erst einmal getankt werden muss. Es folgt ein Abstecher zum Train Depot. Von hier aus fahren die Züge zum Grand

Canyon Südrand. Wir machen Fotos von der vor dem Depot aufgestellten Dampflok, die früher die Züge gezogen hat. Heute erledigt meist eine Diesellok diese Aufgabe. Die alte Dampflok präsentiert sich uns im strahlenden Sonnenschein und daneben funkeln rot die Bäume im letzten Anflug von Indian Summer.

Die alte Dampflok vor dem Depot in Willliams

Wir sehen uns noch die Hauptstraße von Williams an, auch hier stehen einige sehenswerte alte Gebäude und es parken ein paar Oldtimer am Straßenrand.

Schon am Depot sind uns die ersten asiatischen Touristen aufgefallen. Der Zustrom der Asiaten hat in den letzten Jahren stark zugenommen. Und so langsam stellen sich auch die Amerikaner auf diese Zielgruppe ein: am Ortsausgang entdecken wir ein Hotel, vor dem ein Planwagen mit asiatischen Schriftzeichen für die Unterkunft wirbt.

Am östlichen Ortsausgang von Williams befindet sich „Bearizona" (3.2), ein Wildpark, durch den man mit dem Auto hindurchfahren kann. Wir gönnen uns diesen Abstecher. Durch einen mächtigen Steinbogen fahren wir in die Anlage hinein. Nachdem wir an der Kasse unseren Eintrittspreis entrichtet haben, geht es in die unterschiedlichen Abschnitte des Parks.

Ein Bär im Tierpark „Bearizona"

Wir treffen verschiedene Arten von Wild, Bergziegen und Bären in einer natürlich (nachgebildeten) Umgebung. Sogar einen Bagger in freier Wildbahn können wir entdecken (an einer Stelle im Park sind Bauarbeiten und wir können erst aus der Nähe sehen, um was für eine Spezies es sich hier handelt). Auch ein paar Bisons sind unterwegs. Nach der Rundfahrt vertreten wir uns im Zoo noch ein wenig die Beine und nutzen eine Bank für ein kleines Picknick.

Jetzt lockt uns der Grand Canyon. Von Williams aus ist noch eine gute Stunde zu fahren. Die Landschaft ist alles andere als spektakulär. Mehr oder weniger bewaldete Hügel säumen die Straße. Wir passieren die Ortschaften Valle und Tusayan, eher eine Ansammlung von Hotels als wirkliche Ortschaften. Und dann erreichen wir endlich den Eingang des Nationalparks. Wir zeigen dem Ranger unseren Annual Pass (3.3), bekommen eine Karte und können passieren.

Wie immer wollen wir erst einmal zum Visitor Center. Diese Anlaufstelle ist für uns die beste Möglichkeit zur Information über den Park. Hier gibt es häufig einen Einführungsfilm, die Ranger geben Tipps, was man sich in welchem Zeitrahmen ansehen kann, Übersichtskarten, Zeiten für Veranstaltungen wie den Ranger Talk und ein Gift Shop runden das Angebot ab.

Aber heute haben nicht nur wir diese Idee gehabt. Wir drehen erfolglos mehrere Runden über den Parkplatz, nichts ist frei, auch der Ausweichparkplatz ist belegt. Was tun? Weiterfahren. Schließlich wollen wir heute noch den Canyon sehen. Hier kommt jetzt die Karte vom Eingang zum Einsatz. Den westlichen Teil des Parks können wir erst einmal vergessen, da man diesen nur mit einem Shuttleservice vom Visitor Center aus erreichen kann (wo lässt man derweil sein eigenes Auto?). Die Route nach Osten erscheint da vielversprechender. Der sogenannte Desert View Drive führt an zahlreichen Aussichtspunkten vorbei Richtung Osteingang. Wir sind ein wenig skeptisch ob der Parkplatzsituation. Wird es hier ähnliche Probleme geben? Doch schon der erste Aussichtspunkt, die „Pipe Creek Vista", nimmt uns unsere Sorge. Alle Leute scheinen am Visitor Center hängen geblieben zu sein. Hier ist es fast menschenleer.

Zum ersten Mal am Grand Canyon

Und dann stehen unsere Amerika-Neulinge vor dem Grand Canyon. Nichts kann einen auf diesen Ausblick vorbereiten. Auch wenn man tausend Bilder und hundert Fotos von Freunden gesehen und zahlreiche Filme verfolgt hat, nichts gibt diese endlose Weite und diese beeindruckende Tiefe wider. Kathrin und Jan sind sprachlos. Und auch uns, die wir schon mehrmals hier waren, lässt dieser Anblick nicht kalt. Der Grand Canyon ist einfach umwerfend, unfassbar, ein Naturwunder.

Wir nehmen uns Zeit, dieses Wunder zu genießen. Einfach nur am Rand sitzen und hinunterschauen. Die Zeit steht still, nur ein paar Vögel kreisen über dem Abgrund, ganz oben wird ein Kondensstreifen immer länger (der Canyon ruft meine poetische Seite hervor!).

Plötzlich wird die Stille unterbrochen. Ein Van hat gehalten und eine Gruppe Asiaten ausgespuckt. Diese ergießen sich über den Aussichtspunkt. Ihre Begeisterung steigt ins Unermessliche, als sich auch noch ein Reh sehen lässt, welches, gefolgt von einem Jungtier, die Straße überquert. Das arme Tier wird von den Asiaten förmlich gejagt, schließlich muss jeder ein Foto davon haben. Ich mag diese „ich vor"-Fotos (hier eben: ich vor Reh) nicht sonderlich, vielleicht bin ich deshalb überkritisch.

Wildwechsel am Grand Canyon

Wir treten jedenfalls die Flucht zum nächsten Aussichtspunkt an. Schon ein paar Kilometer weiter wartet der Yaki Point auf uns. Auch von hier aus ist die Sicht atemberaubend (wo ist sie das am Canyon nicht?). Nachdem wir uns so einen ersten Eindruck verschafft haben und die Zeit ein wenig fortgeschritten ist, wollen wir es doch noch einmal mit dem Visitor Center probieren. Da viele Touristen und fast alle Reisegesellschaften den Canyon gegen Abend verlassen und Richtung Williams oder Tusayan zum Übernachten fahren, ist es jetzt leerer geworden. Wir sehen uns ein wenig im Gift Shop um und erfragen beim Ranger, wo man am besten den Sonnenuntergang verfolgen kann. Er empfiehlt den Yavapai Point. Wir sehen auf dem aushängenden Zeitplan, dass es zum Sonnenuntergang nicht mehr lange hin ist. Also zurück zum Auto, Mütze und Handschuhe und die warmen Jacken holen und dann wieder zurück zum Canyon. Gegen Abend verliert die Sonne ihre Kraft und es wird lausig kalt, aber wir sind vorbereitet. Vom Mather Point am Visitor Center geht es am Canyonrand entlang zum Yavapai Point. Hier haben sich schon einige Touristen gesammelt. Es ist erstaunlich, wie ruhig so viele Menschen sein können, nur ab und zu hört man das Klicken einer Kamera oder ein leises Lachen. Selbst die Asiaten verharren in ehrfürchtigem Schweigen. Die Sonne senkt sich, die Schatten werden länger und die Kontraste stärker. Ein tiefes Orange breitet sich über die gerade noch leicht moosgrün überwachsenen Felsen aus. Es ist einfach wunderschön. Leider geht alles viel zu schnell. Nachdem die Sonne die letzten Strahlen über die Berge geschickt hat, wird die Landschaft irgendwie grau, nur am Horizont glitzert noch eine helle Linie, dann ist auch sie verschwunden. Uns wird bewusst, wie kalt es mit einem Mal geworden ist. Zeit, unser Hotel aufzusuchen.
Wir haben für diese Nacht ein Zimmer in der Yavapai Lodge gebucht (3.4). Also checken wir ein und entscheiden uns für

ein Picknick auf dem Zimmer. Schließlich haben wir noch einen großen Vorrat an Lebensmitteln. Käse, Brot, Weintrauben und ein gutes Glas Wein geben ein prächtiges Abendessen ab.

Yavapai Lodge im Grand Canyon National Park

Anmerkungen ☺😐☹

3.1

https://de.wikipedia.org/wiki/Angel_Delgadillo
http://www.route66giftshop.com/the-angel-of-route-66/
http://www.canyon-trails.de/seligman-route66.htm

3.2

Bearizona ist von 9-16 Uhr täglich geöffnet, der Eintritt für Erwachsene beträgt 20 $, für Kinder von 4-10 Jahren sind 10 $ zu entrichten. Es finden Shows statt, im Wesentlichen Fütterungen, über deren Beginn man sich vorab auf der Internetseite informieren kann:
http://bearizona.com/

3.3

Der Annual Pass des National Park Service ist eine Eintrittskarte für alle vom National Park Service betriebenen Einrichtungen in den USA. Er ist für ein Jahr gültig und umfasst maximal 4 Insassen eines PKWs.
Beim Kauf eines neuen Passes muss man diesen auf der Rückseite unterschreiben. In den letzten Jahren fragen die Ranger mehr und mehr nach der Photo-ID, um die Richtigkeit der Unterschrift abzugleichen.
Neu kostet der Pass 80 $ (Stand Drucklegung dieses Buches 2017).
Da auf der Rückseite Platz für zwei Unterschriften ist, kann man den Pass gebraucht kaufen und dann die zweite Unterschrift nutzen. Schauen Sie mal bei eBay unter „annual pass" nach.

https://store.usgs.gov/pass/index.html

3.4

Das Zimmer kostet mit Frühstück 225 $, nicht gerade ein Schnäppchen. Entgegen unserer sonstigen Gewohnheiten beschließen wir, es mit vier Personen zu belegen, was aufgrund der Bettengröße durchaus möglich ist. So wird unsere Reisekasse nicht zu arg strapaziert. Die Hotels in Tusayan oder in Williams sind preiswerter, aber dann müsste man am Abend eben aus dem Park herausfahren. Die Entfernung ist dabei nicht das Problem, sondern der **Wildwechsel**. Und der ist heftig. Bei einem unserer früheren Besuche haben wir eine Fahrt erlebt, die Claus den letzten Nerv gekostet hat, weil alle paar Meter ein Reh über die Straße sprang – und man konnte nicht sicher sein, ob nicht gleich noch ein zweites folgt. Wir haben auch schon mehrere Unfälle gesehen, und die braucht man im Urlaub wirklich nicht. Mein dringender Rat also, übernachten sie im Nationalpark direkt, teurer, aber sicherer.
Und buchen Sie soweit wie möglich im Voraus, die Zimmeranzahl ist begrenzt, ebenso die Zahl der Campgrounds.

4. Grand Canyon und Indianerland

So langsam wird das frühe Aufstehen zur Gewohnheit, doch heute werden wir tatsächlich nur mit Wecker wach. Wir schmeißen uns in unsere Klamotten und verlassen fluchtartig die Unterkunft. Warum? Der Sonnenaufgang wartet nicht.
Dick eingepackt, die Temperaturen zu dieser frühen Morgenstunde kann man nicht wirklich als angenehm bezeichnen, warten wir wieder am Yavapai Point auf die ersten wärmenden Strahlen. Nicht alle Wartenden sind auf die niedrigen Temperaturen vorbereitet, einige sehen aus wie wandelnde Kleiderschränke, alles, was der Koffer hergab, übereinander gezogen. Einige Profifotografen sehen dagegen so aus, als wären sie auf einer Expedition in die Arktis.
Die ersten Strahlen tauchen hinter den Bergen auf und die Felsen unterhalb des Canyonrands werden in ein tief oranges Licht gefärbt. Genau wie gestern Abend, nur in umgekehrter Reihenfolge erglühen sie nach und nach. Dann werden die Schatten flacher und das Schauspiel ist vorbei. Wir haben unsere Fotos im Kasten und so langsam meldet sich der Hunger.
Zusammen mit dem Zimmerschlüssel haben wir gestern schon Gutscheine für das Frühstück in der Lodge bekommen.
Wir fahren dorthin und stellen uns in die glücklicherweise noch kurze Schlange. Am Counter No. 1 bekommen wir ein Tablett in die Hand gedrückt, auf dem schon ein Becher, ein Glas, eine flache Schüssel und ein Teller mit einem Pancake auf uns warten. Dahinter steht ein kleines Buffet, wir haben die Möglichkeit, uns mit Oatmeal, Breakfast Potatos, Joghurt, Obst und Eiern zu versorgen. Auch Kaffee und Tee beinhaltet die Auswahl. Die Auswahl an freien Plätzen ist noch groß. Wir haben uns gerade für einen Tisch entschieden, als

es schlagartig voll wird, offensichtlich sind zwei Reisebusse mit Asiaten angekommen. Sie reihen sich brav am Counter No. 1 auf, die Abwicklung geht schnell und dann sind die Businsassen auch schon in einem Nachbarraum verschwunden und wir können unser Frühstück in Ruhe genießen.
Langsam schlürfen wir den recht ordentlichen Kaffee. Dabei sehen wir uns ein wenig um und stellen fest, dass es offensichtlich zwei unterschiedliche Qualitäten von Frühstück gibt. Während die Gutscheininhaber ihren Kaffee aus den obligatorischen Pappbechern genießen dürfen, bekommen die Gäste, die bar bezahlen, ihren Kaffee in einem hübschen Steingutbecher serviert. Das Abräumen geht allerdings nicht sehr zügig vonstatten. Das ganze Geschirr bleibt ziemlich lange stehen.
Wir fahren wieder zu unserem Zimmer zurück, packen unsere Sachen ins Auto und auf geht's zu den Viewpoints am Canyonrand. Wir fahren nach Osten und klappern die einzelnen Punkte ab. Jeder ist anders, an jedem ist die Aussicht aber gleich beeindruckend. Der Blick in den Canyon lässt uns auch heute nur wenig Zeit für die Besonderheiten der Landschaft, aber ein paar blühende Pflanzen finden doch den Weg als Motiv in unsere Kameras. Unser Weg führt uns zum Grand Viewpoint. Diese Stelle war bis 1901 die bekannteste Touristenattraktion am Südrand. Hier stand ein Hotel, von hier aus konnte man in den Canyon hinunterwandern. Später, als die Eisenbahn das heutige Grand Canyon Village erreichte, verlagerte sich der Tourismusschwerpunkt dorthin, denn nur wenige Abenteuerlustige nahmen die Strapazen einer 11 Meilen langen Fahrt mit der Postkutsche auf sich. Heute erinnern nur noch ein paar Ruinen an das ehemalige Hotel.
Auf der Weiterfahrt biegen wir nach rechts ab, weg vom Canyonrand. Dort finden sich die Tusayan Ruinen und das gleichnamige Museum. Das kleine Museum, ein rustikaler Steinbau, bietet Ausstellungsstücke der Hualapai, der Hopi,

der Havasupai, der Paiute und der Navajo. Auf einem kleinen 30minütigen Rundweg kann man danach noch Ruinen besichtigen, Reste einer alten Plaza, eine Kiva und verschiedene Vorratsräume.

Lipan Point und Navajo Point bieten dann wieder Aussichten auf den Canyon. Von diesen Punkten aus kann man sogar den Colorado sehen und ganz in der Ferne die Stromschnellen „Hance Rapid" entdecken. Von hier oben, aus 6 km Entfernung, sehen sie gar nicht so gefährlich aus, in Wahrheit sind es mit die gefährlichsten Stromschnellen im Canyon, denn das Wasser fällt in einer Höhe eines dreistöckigen Gebäudes zwischen Felsen herunter in die Tiefe.

Watchtower am Grand Canyon Südrand

Letzte Station ist der Desert View Watchtower, ungefähr 20 Meilen vom Visitor Center entfernt. Dieser 21 Meter hohe Turm wurde 1932 fertiggestellt. Die Architektin Mary Colter, eine Angestellte der Fred Harvey Company, hat neben dem Watchtower auch Hermit's Rest und das Lookout Studio am Südrand entworfen. Die Wandmalereien stammen von Fred Kabotie. Leider können wir diese nicht bewundern, denn sie werden gerade restauriert und sind zum Teil abgedeckt. Die Aussicht von oben entschädigt uns aber dafür.

Ein erster Überblick über den Grand Canyon National Park an einem Nach- und einem Vormittag – immerhin mit Sonnenunter- und -aufgang! –, für mehr reicht unsere Zeit leider nicht – unser Weg führt weiter nach Osten. Wir verlassen den Park, machen nach ein paar Meilen aber noch einen Abstecher zum Little Colorado River (4.1). Am Eingang verkündet ein Schild, dass der Eintritt frei sei, man aber um eine „Donation" bittet. Die Dame im Kassenhäuschen weist uns sehr bestimmt darauf hin, dass diese Donation obligatorisch und hier direkt zu entrichten sei. Ein wenig verärgert geben wir eine niedrigere „Donation", als wir das sonst eigentlich tun.

Den Weg vom Parkplatz zu den Aussichtspunkten säumen Hinweisschilder, die vor Schlangen, Reptilien, Spinnen und Tausendfüßlern warnen, und kleine Buden, in denen Händler Navajoschmuck anbieten. Nachdem wir einen Blick in die Tiefe der Gorge riskiert haben, sehen sich Kathrin und ich den Schmuck an. Allerdings finden wir keine Stücke, die uns faszinieren würden.

Nach einer knappen halben Stunde erreichen wir das Ortsschild von Cameron und einen großen Kreisel. Eine Infrastruktur wie in einer Weltstadt. Auf der anderen Seite machen wir einen Burger King aus. Eine gute Möglichkeit für einen kleinen Halt. Ein Burger und ein Kaffee vertreiben den kleinen Hunger.

Es ist noch viel zu früh, um unser Hotel aufzusuchen. Ich überprüfe die Karte und unser Navi sagt uns, dass wir noch genug Zeit vor Einbruch der Dunkelheit haben, um einen Abstecher zum Wupatki National Monument (4.2) zu wagen. Auf der 89 geht es nach Süden. Kathrin und Jan sind ganz begeistert von den Straßenschildern, die hier entsprechend der Einzelstaaten immer eine eigene Form haben. Wir erklären noch kurz, dass die Straßennummerierungen auch die Himmelsrichtung anzeigen, in der die Straße hauptsächlich

verläuft. Straßen von Ost nach West (oder umgekehrt) haben gerade Zahlen, Straßen von Nord nach Süd sind mit ungeraden Zahlen gekennzeichnet.
Nur eine kurze Fahrt und wir erreichen den Eingang zum Nationalpark. Ein steinernes Eingangsschild mitten in der Graslandschaft kündigt an, dass wir unser Ziel erreicht haben. Die Landschaft hat sich total verändert. Grasland erstreckt sich über kleine Hügel bis zum Horizont. Wir folgen der Straße bis zum Visitor Center. Dort erhalten wir eine Karte für den Rundweg um die Grand Ruine. Diese soll im 12. Jahrhundert das größte Bauwerk auf dem nordamerikanischen Kontinent gewesen sein. Der Führer verrät uns, dass hier ungefähr 100 Personen des Stammes der Anasazi gelebt haben. Sie lebten von Ackerbau, Jagd und Handel. Im ganzen Park sind weitere kleine Ruinen verteilt.

Wupatki Ruin im Wupatki National Park

Ganz in der Nähe befindet sich ein weiteres National Monument, der Sunset Crater. Dort finden sich Zeugnisse von Vulkanismus in der ganzen Gegend. Die vulkanischen Aschen führten zu einer Steigerung der Bodenqualität, was die Lebensbedingungen der Indianer stark verbesserte.
Selbst heute, als Ruine, beeindruckt uns die Anlage.

Auf dem Rückweg vertreten wir uns auf dem Citadel Trail noch ein wenig die Beine. Der kurze, nur knapp 400 m lange Weg steigt steil einen Berg hinauf. Oben stoßen wir wieder auf eine Ruine, die die Gegend überragt. Vor über 800 Jahren lebten hier Indianer in „Nalakihu", was übersetzt „Haus außerhalb der Siedlung" bedeutet. Die Sonne geht langsam unter. Einzelne Büsche auf dem Grasland werfen lange Schatten und es entsteht ein wunderschönes Muster. Wir lassen den Ausblick schweren Herzens hinter uns und machen uns auf den Rückweg nach Cameron. Als wir dort ankommen, ist es schon dunkel. Unser Quartier ist die 1916 gegründete Cameron Trading Post (4.3). Die Poststelle wurde an einer Brücke errichtet, die 1911 an dieser Stelle über den Little Colorado River gebaut wurde. Zu dieser Zeit kamen hier fast nur Navajo und Hopi her, um Tauschhandel mit Wolldecken und Rindern zu betreiben.

Im Motel angekommen, kämpfen wir uns durch einen umfangreichen Gift Shop zur Rezeption.

Dort passiert uns erst einmal ein kleines Malheur. Wir haben zwar eine Reservierung, haben aber noch nicht bezahlt. Als wir dies jetzt tun wollen, streikt die Kreditkarte von Claus. Gestern hat sie noch anstandslos funktioniert. Was tun? Nehmen wir halt eine andere. Und diese tut auch anstandslos ihre Pflicht (4.4).

Gleich neben der Rezeption befindet sich der Eingang zum Restaurant und wir beschließen, hier zu Abend zu essen.

Erst einmal aber wollen wir uns ein wenig frisch machen und unsere Zimmer beziehen. Wir sind begeistert. Die Räume sind groß und sehr schön dekoriert mit Lampen im indianischen Stil und Umhängen an den Wänden. Alles ist blitzsauber. Kathrin bemerkt allerdings, dass die Toilette keinen Deckel hat. Dies ist in den USA nicht so unüblich, wie es uns in einem Hotel auf den ersten Blick erscheint. Wir haben schon mehrere Hotels mit dieser Eigenart angetroffen.

Der erste gute Eindruck bestätigt sich auch im Restaurant. Das Essen kommt schnell und ist recht schmackhaft. Kathrin hat aber anscheinend die falsche Wahl getroffen und ist nicht so begeistert. Zum Thema „schmackhaft" fällt ihr nur ein: „Die einen sagen so, die anderen sagen so!"
Allerdings müssen wir auf ein Bier verzichten, im Restaurant gibt es nur alkoholfreie Getränke. Wir sind im Indianergebiet und der Kampf gegen den Alkoholismus, der unter den Indianern weit verbreitet ist, zeigt sich auch hier (4.5).

Cameron Trading Post

Anmerkungen ☺😐☹

4.1

Der Little Colorado River hat ebenfalls einen tiefen Canyon in das Colorado Plateau eingeschnitten, die Little Colorado River Gorge. Der Little Colorado River mündet im Grand Canyon in den großen Bruder.
Die Little Colorado River Gorge befindet sich innerhalb der Navajo Indian Reservation. Von Osten über die Highways kommend, fährt man an der Little Colorado River Gorge zwangsläufig vorbei:
http://navajonationparks.org/navajo-tribal-parks/little-colorado-river-gorge/
http://www.grand-canyon.de/little-colorado-river

4.2

https://www.nps.gov/wupa/index.htm
https://de.wikipedia.org/wiki/Wupatki_National_Monument
http://www.desertusa.com/wup/

4.3

https://www.camerontradingpost.com/

4.4

Nach einem Telefonat mit Deutschland (dazu ist unsere Telefonkarte im Einsatz) stellt sich heraus, dass die Karte vom Kreditinstitut aus Sicherheitsgründen gesperrt worden ist. Dies kann passieren, wenn innerhalb kurzer Zeit „verdächtige" Abbuchungen, wie etwa Auslandseinsätze, anfallen. Da dies bei uns der Fall war – am Anfang eines Urlaubs fallen ja einige Kosten an, wie z. B. die Kaution für den Mietwagen – hat die Bank reagiert. Wir bekommen eine Freischaltung und der „Schaden" ist behoben.
Aus diesem Grund ist es immer gut, in den USA nicht nur mit einer Kreditkarte unterwegs zu sein.

4.5

Amerikanische Ureinwohner tranken früher nur sehr selten Alkohol. Es waren nur alkoholische Getränke mit niedrigem Alkoholgehalt, wie etwa Bier, bekannt. Hochprozentiger Alkohol kam erst mit den Europäern ins Land. Zwar ist der Alkoholverkauf in vielen Reservaten verboten, aber der Alkoholismus ist weit verbreitet. Dadurch entstehen neue Probleme, die zu gehäuftem Selbstmord führen oder zum Verlassen der Familien, die dann unversorgt zurückbleiben.
Nähere Informationen bieten die folgenden Seiten:

http://www.indianer.de/indisite/alkohol.htm
https://de.wikipedia.org/wiki/Indianerpolitik_der_Vereinigten_Staaten

5. Monument Valley

Heute Morgen lerne ich etwas dazu – das Frühstücksangebot bei Burger King ist erstaunlich umfangreich und schmackhaft. Wir schenken uns den Besuch im Restaurant und wählen diese preiswerte Alternative. Bevor wir abfahren, sehen wir uns noch die Hotelanlage im hellen Tageslicht an. Dabei bemerken wir am Fluss hinter dem Hotel ein paar wilde Pferde, die dort friedlich grasen. Was für ein schöner Anblick.
Ich besorge noch ein wenig Eis für unsere Kühlbox. Dieses gibt es in allen Hotels im Bereich „Vending" kostenlos. Allerdings kann es auch passieren, dass in Wüstengegenden der Zugang nur für Hotelgäste möglich ist oder die Benutzungszeiten eingeschränkt sind.
Die heutige Tagesetappe ist etwas länger. Wir wollen bis Mexican Hat, zwei Stunden und 140 Meilen entfernt (5.1). Und dazwischen liegt das Monument Valley!
Auf der 160 geht es recht zügig nach Kayenta. Wir machen dort einen Halt bei Bashas, einer Supermarktkette, um unsere Vorräte aufzufüllen. Auf dem Parkplatz machen wir Bekanntschaft mit „speed bumps". Dies sind Bodenschwellen zur Verminderung der Geschwindigkeit. Sie sind in den USA weit verbreitet, vor allem aber in Wohnsiedlungen und seltener auf Supermarktparkplätzen. Wir kaufen ein und sparen wieder mit unserer neuen Kundenkarte.
Wir biegen nach Norden ab und folgen der 163 bis zum Monument Valley. Dabei passieren wir die Grenze nach Utah und machen einen kleinen Fotostopp am Staatenschild. Große, einzeln stehende Felsen und die steigende Zahl von Verkaufsständen kündigen die Nähe zum Valley an.
Den Gift Shop und das Hotel „The View" (5.2) sparen wir uns für später auf, das Tal lockt. Die Straße schlängelt sich hin-

unter ins Tal. Roter Staub hüllt unseren Wagen ein. Die Anzahl der Fotostopps steigt enorm an. Und bei jedem Stopp werden auch wir in den roten Staub gehüllt, wenn ein anderer Wagen uns passiert. Ein strahlend blauer Himmel erstreckt sich über uns und die Felsen sehen genauso aus, wie man sie von unzähligen Bildern kennt.

Monument Valley

Wir staunen und unsere Fotoapparate staunen mit uns. Nach einer Weile erreichen wir den Ford's Point. Dieser Felsvorsprung ist nach dem Regisseur John Ford benannt, der hier vorzugsweise seine Western-Filme drehte. Insgesamt entstanden hier neun Filme, unter anderem „Ringo" und „Der schwarze Falke" mit John Wayne (5.3). Heute tummeln sich hier die Touristen und nutzen die Gelegenheit, sich auf einem Pferd mit dem grandiosen Hintergrund fotografieren zu lassen. Die Indianer, die im Tal leben, stellen hierfür gerne die Pferde zur Verfügung. Für drei Dollar kann man sich auf dem Pferd ablichten lassen, für fünf Dollar wird das Pferd auch noch am Aussichtspunkt zurechtgestellt. Und das ganze wird, aber das kennen wir schon, als „Donation" deklariert. Vorzugsweise nehmen Asiaten dieses Angebot an.

Auf dem Indianerpferd am Ford's Point

Gleich daneben wird, auch das kennen wir schon, wieder reichlich Indianerschmuck angeboten. Uns drängt sich der Gedanke auf, dass diese Schmuckstücke alle aus der gleichen Quelle kommen, jedenfalls gleichen sich die meisten wie ein Ei dem anderen.
Ein Kiosk bietet Kaffee und Indian Fry Bread an. Die kleine Pause kommt uns gerade gelegen. Gleich hinter dem Kiosk entdecken wir ein Schild, welches darauf hinweist, dass hier „peeing and pooping" verboten sind. Falls Sie sich fragen, was das bedeutet, das Schild ist selbsterklärend.

Wir fragen uns, warum dieses Schild hier aufgestellt worden ist, stehen doch ein paar Meter weiter ein paar Toilettenhäuschen. Nach einem Besuch derselben, die (den Ausdruck lerne ich von Jan) „Festivalqualität" haben, erscheint die Vorstellung, sich in der freien Natur zu erleichtern, dann doch erstrebenswert.
Für uns geht es nun weiter den Valley Drive entlang. Ab und zu werden wir von geführten Touren überholt (5.4). An einer Stelle beobachten wir Filmarbeiten. Indianer in historischen Kostümen stehen in Positur, umgeben von Beleuchtungsassistenten und Filmkameras. Uns faszinieren die Felsen deutlich mehr. Wie spitze Nadeln ragen sie in den Himmel. Dazwischen liegen immer wieder größere Blöcke wie eingestreut.

Felsformationen im Monument Valley

Abgestorbene Bäume und darüber ein strahlend blauer Himmel bieten zusätzliche Fotomotive.
Nachdem wir unsere Rundfahrt beendet haben, machen wir einen Abstecher in das „The View" Hotel. Dort kann man von der Terrasse aus noch einen Blick ins Tal werfen. Der

Gift Shop hier bietet außergewöhnliche Schmuckstücke, leider auch zu außergewöhnlichen Preisen. Das Restaurant ignorieren wir, wir sind eher Selbstversorger.
Die Zeit ist fortgeschritten und im Licht der untergehenden Sonne fahren wir nach Mexican Hat. In der San Juan Trading Post checken wir ein und erhalten unsere Schlüssel für die vorgebuchten Jurten. Diese befinden sich nicht direkt in der Hotelanlage, sondern am Ortsausgang auf einem separaten Gelände. Der Blick von hier aus auf den markanten Felsen, der der Ortschaft seinen Namen gegeben hat, ist einmalig.

Die beiden kleinen Jurten der San Juan Trading Post

Insgesamt verfügt die San Juan Trading Post über ein Hotel mit „normalen" Zimmern und eben drei Jurten. Zwei sind etwas kleiner, eine ist deutlich größer. Eigentlich stammen diese Behausungen von den Nomaden der asiatischen Steppen. Hier sind sie zwar etwas zivilisierter - mit Klimaanlage, Toilette und Dusche -, aber immer noch recht rustikal. Die Abtrennung zwischen der Dusche und dem Schlafraum besteht nur aus einem Vorhang, zudem vermissen wir eine Toilettentür. Das Bett ist auch recht schmal, aber der Ausblick entschädigt für vieles. Wir genießen nach dem ersten Schock die Atmosphäre.

Da die Zeit nun doch schon recht fortgeschritten ist, verzichten wir auf das geplante Grillen und machen uns nur ein Sandwich. Und wir genießen dazu den Sekt, den wir anlässlich meines Geburtstags seit Las Vegas mit uns herumfahren.
Als es kalt wird, schlüpfen wir in die Betten.

Der Mexican Hat

Anmerkungen ☺😐☹

5.1

Bei der Planung dieser Rundreise haben wir uns bewusst für kürzere Fahrtstrecken zwischen den Übernachtungen entschieden. Wir wollen zwar viel sehen, aber wir sind nicht auf der Flucht, ein wenig Urlaub soll auch schon mit dabei sein.
Generell kann ich jedem nur raten, sich nicht mehr als 200 Meilen pro Tag vorzunehmen. Schließlich wollen wir nicht jeden Morgen um 8 Uhr das Hotel verlassen und erst um 20 Uhr im nächsten einlaufen. Und dazwischen wollen wir uns die Sehenswürdigkeiten ausführlich und in Ruhe ansehen.

5.2

Übernachtungsmöglichkeiten direkt am Monument Valley finden Sie nur in der Gouldings Lodge, einem Campingplatz und dem „The View Hotel". Das direkt am Visitor Center gelegene Hotel ist nicht gerade preiswert und außerdem häufig lange im Voraus ausgebucht. Es wurde 2008 fertiggestellt und wird von der Navajo Nation betrieben. Das dreigeschossige Hotel schmiegt sich perfekt in die Landschaft ein und verfügt über 95 Zimmer. Jedes Zimmer hat einen Balkon nach Osten hin, so dass man den Sonnenaufgang wunderbar genießen kann:

http://monumentvalleyview.com/

5.3

John Ford war ein US-amerikanischer Filmregisseur, der über Jahrzehnte zu den erfolgreichsten Regisseuren Hollywoods gehörte. Er gewann vier Oscars in der Kategorie *Beste Regie*. Er wurde insbesondere als führender Regisseur des amerikanischen Westerns berühmt. Insgesamt umspannte Fords Filmkarriere über 140 Filme in fast 50 Jahren:

https://de.wikipedia.org/wiki/John_Ford
https://de.wikipedia.org/wiki/Ringo_(1939)

https://de.wikipedia.org/wiki/Der_Schwarze_Falke
https://de.wikipedia.org/wiki/John_Wayne

5.4

Die von Indianern geführten Touren durch das Valley dürfen eine etwas andere Route fahren. Sie zeigen den Touristen auch noch Felszeichnungen und einen Hogan, eine Behausung, in der eine alte Indianerin an einem Webstuhl sitzt und gegen „Donation" für Fotos bereit steht. Mit dem eigenen PKW kann man sich aber mehr Zeit lassen.
Es muss zwar nicht unbedingt ein SUV sein, aber mit einem Wohnmobil sollte man nicht ins Tal fahren. Für diese Art fahrbaren Untersatz ist die Strecke nicht empfehlenswert.

6. Goosenecks und Muley Point

In der Nacht bin ich fast erfroren. Nachdem die Sonne untergegangen war, wurde es in der Jurte immer kälter. Mitten in der Nacht, so gegen 3 Uhr, stehe ich auf und ziehe mich an: Fleecehose, Fleeceweste, dicke Socken. Und dann kuschele ich mich ganz eng an meine bessere Hälfte. Doch am Morgen ist mir immer noch kalt. Ich stehe deshalb schon früh auf. Aber nicht früh genug, denn Jan ist schon zum Office gelaufen und kommt mit einem heißen Kaffee gerade um die Ecke - mit einem heißen Kaffee und in kurzen Hosen! Frühstück ist im Preis nicht enthalten, aber es gibt neben dem Hotel ein kleines Restaurant. Die Auswahl ist einigermaßen beschränkt, aber wenigstens gibt es heißen Kaffee. Und, mit einem Novum für uns, mit nur einem „free refill". So steht es jedenfalls auf der Karte. Aber die Bedienung zeigt sich gnädig, wir bekommen so viel Kaffee, wie wir möchten.

Nachdem wir gesättigt sind, geht Claus über den Hof zur Rezeption des Hotels. Dort klagt er unser Leid. Die Dame ist sehr hilfsbereit und versucht, einen Heizlüfter aufzutreiben. Sie ist eigentlich davon ausgegangen, dass die Lüftung in der Jurte nicht nur kühlt, sondern auch heizt. Zusammen mit der Putzfrau kommt dann auch der Heizlüfter. In der kommenden Nacht schlafe ich tief und fest und warm. Wir prägen aber für den Zustand der letzten Nacht den Begriff „jurtenkalt", um in Zukunft eine lausige Kälte zu beschreiben.

Zunächst fahren wir erst einmal zurück in Richtung Monument Valley.

Wir möchten unbedingt noch Fotos von dem berühmten Blick in Richtung Valley machen. Leider wird die Perspektive durch eine Baustelle ein wenig eingeschränkt, aber von der Mitte der Straße geht es einigermaßen.

Blick von Norden zum Monument Valley

Am Mexican-Hat-Felsen vorbei geht es zu unserem nächsten Ziel, dem Goosenecks State Park (6.1). Nicht einmal 10 Meilen sind es vom Ort Mexican Hat über die Straße Nr. 261 bis zu diesem kleinen State Park. Vom Aussichtspunkt in fast 1500 m Höhe hat man einen Ausblick auf den San Juan River, der sich hier tief in das Hochplateau eingegraben hat.
Von oben sehen die Windungen des Flusses wie Gänsehälse aus, daher der Name des Parks. Hier ist alles ziemlich spartanisch, es gibt kein Besucherzentrum.
Nur eine kleine Box am Eingang bittet um „self-registration" und darum, den Eintrittspreis von 5 $ zu entrichten. Wir unterstützen den Parkservice und zahlen brav. Es gibt hier nur ein paar Bänke in einer kleinen Picnic Area und ein paar Campsites.
Der Ausblick von hier oben ist allerdings unbezahlbar. In der Tiefe kann man den Fluss nur erahnen, ganz in der Ferne am Horizont lugen die Felsen des Monument Valley hervor. Am Rand des Abgrunds klammern sich Blackbush Pflanzen in die dünne Erde, nur an einigen Stellen gesichert durch kleine Steinmauern.

Blick in die Tiefe des Goosenecks

Wir verlassen den State Park und biegen nach links ab, nachdem wir wieder die 261 erreicht haben. Wir wollen den Moki Dugway hochfahren (6.1). Über eine flache Ebene schlängelt sich die Straße auf eine hohe Felswand zu. Wir können zuerst gar keine Straße im Fels erkennen. Wie sollen wir da hoch kommen? Ein Schild am Straßenrand weist uns darauf hin, dass in 6 Meilen Entfernung eine 3 Meilen lange „unimproved road" (ungeteert, nicht erneuert) beginnt. Der Straßenbelag endet, eine Schotterstraße führt weiter auf die Felswand zu. Langsam beginnen die angekündigten scharfen Kurven.

Auf einer Strecke von knapp 5 km folgen zahllose Windungen. An einigen Stellen wird die Straße etwas breiter, so dass man einen Halt wagen kann, um einen Blick in die Tiefe zu werfen. Als Dugway wird übrigens eine Straße durch Gebirge bezeichnet, die extra für schwere Transporter gebaut wurde.

Der Moki Dugway entstand in den 1950er Jahren und diente dem Transport von Uranerz aus dem Fry Canyon. Dieses wurde mit schweren Lastwagen zur Verarbeitung in eine Fabrik in der Nähe von Mexican Hat transportiert. Heute kann man sich als Tourist schwer vorstellen, dass einmal LKW regelmäßig diese Strecke befahren haben (6.2).

Moki Dugway

Wir haben den Moki Dugway unbeschadet überwunden, und nur in der Tiefe die abgestürzten Autowracks bewundert.
Eine kurze Strecke weiter biegt eine ebenfalls unbefestigte Straße nach links ab, die Mulie Point Road führt zum Muley Point (fragen Sie mich bitte nicht, warum die Straße anders geschrieben wird als der Aussichtspunkt, zu dem sie führt). Auch diese Straße ist bei Regenwetter nicht gut passierbar. Doch heute (und vor allem auch in den vergangenen Tagen) war es trocken und wir folgen der Piste. Nach ca. 4 Meilen erreichen wir einen provisorischen Parkplatz und lassen unseren fahrbaren Untersatz stehen. Zu Fuß geht es bis direkt an die Kante. Habe ich schon einmal erwähnt, dass in den USA jeder Tourist für sein Leben selbst verantwortlich ist? Man sollte aber die aufgestellten Hinweisschilder gut beachten.
Auch vom Muley Point aus hat man einen fantastischen Ausblick auf die Goosenecks, allerdings von einer noch höheren Warte aus – und der Blick in die Weite scheint schier

unendlich. Die Tafelberge des Monument Valley liegen am Horizont und der Canyon im Vordergrund hört auf den Namen John`s Canyon.
An der Kante liegen abgebrochene Felsblöcke, die in die Tiefe gepurzelt sind. Die Felsen oben auf dem Plateau sind eher rund und sehen geschliffen aus. Zwischen ihnen entdecken wir noch Spuren vorausgegangener Schlechtwetterperioden. Überall sind kleine und größere Pfützen eingestreut. Zwischen der spärlichen Vegetation tummeln sich ein paar Echsen und ein paar einsame Zelte. Offensichtlich ist dies ein beliebter Ausflugsort für Camper, die autark sein wollen. In einem der Wasserlöcher entdecken wir Leben. Dort schwimmen kleine urzeitliche Pfeilschwanzkrebse eifrig hin und her. Wir sind fasziniert. Die Wüste lebt doch.
Ein kleines Stück weiter sehen wir an einer Abbruchkante sogar eine Felszeichnung.
Der Abschied vom Muley Point fällt uns schwer.
Wir wagen den Abstieg über den Moki Dugway zurück und fahren danach in Richtung Valley of the Gods (6.1). Dazu biegen wir, gleich nachdem wir endlich wieder die Teerstraße erreicht haben, erneut nach links in eine Schotterstraße ab. Im Valley of the Gods findet man die gleichen Formationen wie im Monument Valley. Was man nicht findet, sind Eintrittsgebühren und Massentourismus. Nur wenige Besucher verirren sich hierher. Die Straße ist meist in einem guten Zustand (auch hier gilt wieder: Vorsicht bei Regenwetter, wenn der Untergrund nass und schlammig ist. Außerdem führt die Straße durch einige ausgetrocknete Wasserläufe, die bei Regen für normale PKW schwer oder gar nicht passierbar sind), wenn auch ein wenig uneben. Zuerst ist der Verlauf der Straße unspektakulär. Die Rückbank meint sogar, man müsse ein wenig an den Attraktionen arbeiten. Doch dann kommen die Felsen in Sicht, die so treffende Namen wie „Lady in a Bathtub", „Setting Hen Butte", „Castle Butte" oder „Battleship Rock" tragen. Und genauso sehen

sie auch aus. Das Tempo, mit dem wir uns fortbewegen, wird deutlich langsamer. Viele Fotostopps attackieren unseren Zeitplan. Die Straße taucht unser Auto wieder in den nun schon gut bekannten roten Staub.

Valley of the Gods

Kurz bevor wir das andere Ende des Tales erreichen, können wir noch in einem Wash besonders schöne Bäume betrachten, deren Blätter in noch sommerlichem Grün und gleichzeitig schon herbstlichem Gelb erstrahlen.
Wir erreichen den Highway 163, der uns in südlicher Richtung wieder nach Mexican Hat bringt.
Ein ereignisreicher Tag liegt hinter uns. Die Sonne hat immer noch Kraft und wir weihen unseren Grill ein. Das Steak ist gut, das Bier kalt und die Aussicht auf den markanten Mexican Hat werden wir wohl immer in Erinnerung behalten.

Anmerkungen ☺😐☹

6.1

https://stateparks.utah.gov/parks/goosenecks/
https://de.wikipedia.org/wiki/Moki_Dugway
http://bluffutah.org/mokey-dugway-muley-point/
https://de.wikipedia.org/wiki/Valley_of_the_Gods

6.2

Wir sind einmal mit einem Wohnmobil von Hanksville über Hite Point am Fry Canyon vorbei in Richtung Mexican Hat gefahren. Dabei haben wir den Natural Bridges National Park passiert. Der Ranger dort hat uns dringend empfohlen, auf der 95 zu bleiben und über Blanding nach Mexican Hat zu fahren. Keinesfalls sollten wir den Moki Dugway fahren. Das wäre ein Umweg von mehr als 40 Meilen gewesen. Da es aber längere Zeit nicht geregnet hatte, sind wir doch problemlos die Abkürzung gefahren. Bei Regen kann sich die Schotterstraße nämlich in eine unangenehme Rutschpartie verwandeln.

7. Mormonen-Fort und Needles Overlook

Der Heizlüfter hat seine Pflicht getan, am Morgen bin ich ausgeschlafen und warm. In der Jurte neben uns bewegt sich schon was. Jan kommt sogar schon wieder mit einem heißen Kaffee aus dem Office. Er hat seine morgendliche Sporteinheit bereits hinter sich.
Ein zweites Mal wollen wir aber in der San Juan Trading Post nicht frühstücken. Wir geben nur die Schlüssel ab, verabschieden uns von unseren Jurten, die wir trotz der anfänglichen Schwierigkeiten richtig ins Herz geschlossen haben, und auf geht's.
Eine knappe halbe Stunde später erreichen wir den kleinen Ort Bluff. Er liegt an der Kreuzung der 163 mit der 191, hat ca. 300 Einwohner (7.1) und ist eine Gründung der Mormonen. Am Ortsausgang liegt unterhalb von zwei markanten Felsen die Twin Rocks Trading Post. Dort wollen wir frühstücken.

Twin Rocks Trading Post am Ortsausgang von Bluff

Dies ist, wie sich zeigt, eine kluge Entscheidung. Das Frühstück ist ausgezeichnet, reichhaltig und gut. Genauso wie der angrenzende Gift Shop. Hier sehen wir eine wunderschöne Panoramakarte von Utah, die wir unbedingt haben wollen. Leider ist sie ausverkauft. Da müssen wir uns wohl nach einer anderen Quelle umsehen.

Außer der Trading Post gibt es eigentlich in Bluff nicht so viel zu sehen, einzige Ausnahme ist Bluff Fort (7.1). Es wurde von der Hole in the Rock Foundation nachgebaut. Hier kann man sich über die Besiedlung dieser Gegend und das Leben der ersten Siedler informieren. Der Eintritt ist frei, im Visitor Center wird man von Freiwilligen in Empfang genommen, die auf Wunsch auch einen Film zeigen. Besonders im Fokus steht die Reise der ersten Mormonen über die legendäre Hole in the Rock Road.

In der Außenanlage kann man Nachbildungen von Blockhütten bewundern. Eine der Blockhütten stammt noch aus der damaligen Zeit, andere wurden nach Originalplänen nachgebaut. Die Hütten sind liebevoll eingerichtet, besonders die wunderschönen Patchwork-Decken finden unsere Bewunderung. Lautsprecher geben auf Knopfdruck Erläuterungen in diversen Sprachen. Zwischen den Hütten stehen Planwagen, für die kleinen Besucher warten Holzpferde auf einen Reiter.

In einem Gebäude am Rande der Anlage finden wir ein paar Damen, die für die Herstellung der Patchwork-Decken verantwortlich sind. Diese kann man natürlich käuflich erwerben. Auch historische Kostüme werden hier zum Verkauf gefertigt, die man darüber hinaus gegen eine kleine Spende auch anprobieren kann.

Diese Gelegenheit lassen wir uns nicht entgehen. Unter fachkundiger Anleitung werden wir eingekleidet und dürfen vor der Tür ein paar Fotos in den Kostümen auf den Planwagen machen. Einzig Jan ergreift die Flucht mit den Worten: "Ich bin raus!" Wir anderen haben eine Menge Spaß beim Verkleiden. Praktisch erscheint uns die Kleidung allerdings nicht.

Fort Bluff

Unser Weg führt uns durch Blanding. Leider haben wir im Mormon Fort ein wenig zu viel Zeit verloren, so dass wir uns gegen den Besuch des sicherlich sehenswerten Edge of the Cedars State Park entscheiden (7.2).

Wir nutzen nur die Gelegenheit, unsere Vorräte ein wenig aufzustocken. Wir brauchen dringend Wasser und müssen tanken. Zu unserer Verwunderung kommt Claus nach dem Tanken mit Wasser und BIER aus der Tankstelle. Dass es hier in Blanding an einer Tankstelle der Kette „Maverick" Bier gibt, ist in den USA, und besonders in Utah, eigentlich unüblich (7.3). Wir meinen daraus schließen zu können, dass wir uns nicht mehr in einem Indianerreservat befinden.

Nun lockt uns wieder ein besonders schönes Stück Natur. Unser Ziel ist ein Teil des Canyonlands National Park, die Needles Section (7.4).

Der Canyonlands NP teilt sich in drei Teile auf, das „Island in the Sky", das Gebiet „The Maze" und eben die „Needles Section".

Die Needles Section ist von der 191 zwischen Blanding und Moab erreichbar. Dazu biegen wir auf die 133 zum Needles Overlook ab. Die Straße führt an einem kleinen Bach ent-

lang, der durch die an seinem Ufer stehenden Bäume deutlich in der Landschaft auszumachen ist. Erster Halt ist der Newspaper Rock, oder wie die indianische Bezeichnung lautet: Tse' Hane (Rock That Tells a Story).
Schon in prähistorischer Zeit haben hier die Indianer Hinweise in den Sandstein geritzt. Später taten dies auch die ersten Europäer auf ihrem Weg in den Westen. Wir können Tiere, Menschen, geometrische Figuren und Fußabdrücke identifizieren. Über die genaue Bedeutung streiten sich die Gelehrten noch.
Während Kathrin, Jan und Claus noch versuchen, den Inschriften eine tiefere Bedeutung abzuringen, werde ich von einer ganz anderen „Attraktion" abgelenkt. Auf dem Parkplatz steht ein Jucy Camper (7.5), vor dem sich eine kleinere Menschenmenge versammelt hat. Die Mieterin, eine kleine ältere Dame, führt ihren Wagen vor und zeigt allen Interessierten die Innenausstattung. Sie ist total begeistert von ihrem Fahrzeug. Ich finde ihn allerdings etwas klein, aber durchaus praktisch. Doch für uns wäre er keine Alternative, denn er ist ein echtes Fahrzeug nur für geteerte Straßen.
Knapp eine Viertelstunde später wartet das Visitor Center auf uns. Wir versorgen uns mit dem üblichen Kartenmaterial und weiter geht es. Am Wooden Shoe Arch Overlook halten wir an. Warum der Aussichtspunkt so heißt, ist unschwer zu erkennen, der Felsen, den man in der Ferne ausmachen kann, sieht wirklich aus wie ein Holzschuh. Wir holen ihn mit dem Teleobjektiv näher heran und sparen uns so die Wanderung dorthin.
Ein paar Meilen weiter, am Pothole Point, steigen wir wieder aus und diesmal gehen wir ein Stück in die Landschaft hinein. Die Felsen haben eigenartige Formen und erinnern eher an moderne Skulpturen als an von der Natur geschaffene Steine. Lange Nasen ragen in den Himmel, dazwischen klemmen sich trockene Bäume, die vom Absterben bedroht scheinen. Große Hoodoos bieten unzählige Fotomotive an.

Am Ende der Stichstraße wartet der Big Spring Canyon Overlook auf uns. Auch von hier aus kann man verschiedene Wanderungen machen, diese sollte man allerdings eher am frühen Morgen antreten. Wir begnügen uns mit ein paar Fotos, allerdings meist mit Jan oben auf irgendwelchen Felsen. Faszinierend finde ich vor allem die unterschiedlichen Schichtungen der Felsen. Manche sehen aus wie Baumkuchen, andere Schichten sind von farbigen Adern durchzogen, wieder andere erinnern an Bienenwaben. Im Licht der tief stehenden Sonne scheinen sie förmlich zu glühen.

Wooden Shoe Arch Felsformation

Wir machen uns so langsam auf den Rückweg. Aber nicht, ohne vorher einen Abstecher zu den Roadside Ruins zu machen. Der kurze Weg von einem halben Kilometer führt durch einen kleinen botanischen Garten, der den Besucher in die heimische Pflanzenwelt einführt, und endet an einem alten Vorratsgebäude der prähistorischen Indianer, welches über einem ausgetrockneten Flussbett thront. Innerhalb des Parks soll es noch zahlreiche weitere dieser Vorratsgebäude geben, aber nur wenige Wohngebäude.
Unser Besuch ist endgültig zu Ende und wir fahren in Richtung Moab. Kurz vor dem Ort stoßen wir am Rande des

Highway 191 auf der rechten Seite auf den Wilson Arch. Der große Bogen ist schon ein Anzeichen dafür, dass wir uns dem Arches National Park nähern.

Während Jan zum Arch hinaufsprintet (wir wollen nur eine kurze Pause machen, damit wir nicht zu spät ankommen), machen wir Fotos von der anderen Seite der Straße. Über den Felsen glüht hier die Abendsonne und färbt den Himmel intensiv in rot, blau, gelb und lila.

Das Riverside Inn, welches wir schon in der gnädigen Dunkelheit erreichen, ist ein eher schlichtes Hotel. Auf den ersten Blick könnte es durchaus etwas sauberer sein. Leider war zum Zeitpunkt meiner Buchung kein anderes Hotel in Moab mehr verfügbar, ich hatte schlicht übersehen, dass wir am Columbus Day Weekend (7.6) hier sein würden – und der Ort ist **total** ausgebucht. Wir stehen noch an der Rezeption, als wir mitbekommen, dass ein Paar ohne Reservierung abgewiesen wird. Die Empfehlung des Portiers lautet: „Fahren Sie weiter nach Green River (51 Meilen und gut eine Stunde Fahrtzeit entfernt). Hier im Ort werden Sie kein Zimmer mehr bekommen."

Also beziehen wir unsere Zimmer. Das Zimmer von Claus und mit hat nur ein Bett statt der gebuchten zwei, aber das Zimmer von Kathrin und Jan ist in Ordnung und für eine Nacht wird es auch bei uns gehen. Der Portier stellt für morgen einen Umzug in das vorgebuchte Zimmer in Aussicht.

Zum Abendessen gehen wir über die Straße zu einem Denny's (7.7). Dies ist ein typisch amerikanisches Diner (das Abendessen heißt im Unterschied zum Diner übrigens Dinner, Diner ist der Restauranttyp) mit einer riesigen Auswahl an schnellen und recht günstigen Gerichten. Für die Auswahl brauchen wir länger als die Küche für die Zubereitung. Unsere Newcomer finden es interessant und ungewöhnlich, dass sie keine Getränke bestellen müssen, sondern dass es ausreicht, ein Glas (kostenloses) Wasser zu bestellen. Früher bekam man im Südwesten sogar immer ungefragt ein

Glas Wasser serviert. Im Zuge der Wasserknappheit aufgrund der langen Trockenheit ist dies aber in einigen Bundesstaaten gesetzlich untersagt worden. Heute muss der Gast nach Wasser fragen, dann wird es aber immer noch kostenfrei serviert. Alkohol gibt es allerdings bei Denny's nicht und so müssen wir uns auf unserem Zimmer selbst versorgen. Nach einem kühlen Bier und einem kleinen Whiskey schlüpfen wir in die Federn.

Anmerkungen ☺😐☹

7.1

https://de.wikivoyage.org/wiki/Bluff_(Utah)
http://bluffutah.org/bluff-fort/
http://www.hirf.org/

7.2

Sollten Sie ein wenig mehr Zeit haben, statten Sie diesem Museum unbedingt einen Besuch ab. Sie finden hier eine Sammlung außergewöhnlicher archäologischer Stücke aus der Frühzeit der Pueblo-Indianer. Im Außengelände kann man eine Kiva von innen besichtigen:
http://stateparks.utah.gov/parks/edge-of-the-cedars/
https://en.wikipedia.org/wiki/Edge_of_the_Cedars_State_Park_Museum

7.3

Der Verkauf von Alkohol unterliegt in den USA einigen Besonderheiten, über die man als Tourist informiert sein sollte. Alkohol ist erst ab 21 Jahren erlaubt, der Konsum von Alkohol in der Öffentlichkeit ist generell verboten (Ausnahme ist hier Nevada). Jeder weiß zwar, dass in den berühmten braunen Tüten Alkohol transportiert wird, aber man sieht ihn eben nicht!
Bier und Wein sind meist, mit Ausnahme einiger Bundesstaaten, im Supermarkt erhältlich. Dabei können aber für Alkohol andere Verkaufszeiten gelten. So kann es sein, dass der Supermarkt geöffnet hat, aber die Kasse keinen Alkohol registrieren will. Dies gilt häufig an Vormittagen von Sonn- und Feiertagen.
Hochprozentiges gibt es oft nur in sogenannten Liquor Stores.
Für den Ausschank von Alkohol wird in Restaurants eine spezielle Lizenz benötigt, die nur gegen Gebühr erhältlich ist. Daher führen einige Restaurants und Ketten keinen Alkohol auf der Karte („family restaurants").

http://www.usa-reisetipps.net/essen-trinken-usa/alkohol-in-den-usa

7.4

https://www.nps.gov/cany/planyourvisit/maps.htm
http://www.myutahparks.com/official-canyonlands-national-park-map-pdf/

7.5

Ein Jucy Camper ist eine in den letzten Jahren aufgetauchte Sonderform eines RVs. Auf kleinstem Raum sind Kühlschrank, Herd, Spüle und Wassertanks untergebracht. Außerdem verfügt der Camper noch über Doppelbetten, in denen bis zu vier Personen Platz finden sollen. Da er auf der Basis eines normalen PKWs aufsitzt, ist er einfach zu fahren und verbraucht wenig Benzin. Der Platzmangel macht ihn aus meiner Sicht aber eher für junge Leute interessant. Außerdem verfügt er über keine Toilette wie herkömmliche Wohnmobile.
Der Wagen ist außerdem wegen seiner geringen Bodenfreiheit nicht für alle Arten von Offroads geeignet, sondern eher ein Teil, mit dem man sich in die großen Städte wagen kann.
Zurzeit ist er bei verschiedenen Anbietern ab Las Vegas, Los Angeles und San Francisco verfügbar:

https://www.jucyusa.com/

7.6

Informieren Sie sich über die amerikanischen Feiertage. Meist liegen diese auf einem Montag und das verlängerte Wochenende nutzen viele Amerikaner für einen Kurzurlaub. Dann kann es schon mal sehr voll werden, besonders, wenn man sich in der Nähe einer Großstadt befindet. Und Nähe bedeutet in den USA, dass Denver und Salt Lake City nur 4 - 5 Autostunden entfernt liegen.
https://de.wikipedia.org/wiki/Staatliche_Feiertage_in_den_Vereinigten_Staaten

7.7

Wenn Sie schon mal einen Blick auf die Menükarte werfen wollen, sehen Sie sich die Homepage an. Für den kleinen Hunger bieten sich die Value Menus an, die schon ab 2 $ zu haben sind.

https://www.dennys.com/

8. Arches National Park

Das Frühstück im Hotel ist erstaunlich gut. Es gibt eigentlich alles, vom frischen Obst über Toast, Marmelade, vier verschiedene Sorten Donuts, Bagels, Orangensaft, Cereals und Oatmeal bis hin zu hartgekochten (und nicht gepellten!) Eiern im Kühlschrank neben der Milch und dem Joghurt. Dazu genießbaren Kaffee und verschiedene Sorten Tee. Da kann man nicht klagen (nach den Bewertungen im Internet hatte ich eindeutig anderes erwartet). Allerdings vermissen Kathrin und Jan vernünftiges Besteck. Auch hier, wie fast überall, gibt es nur Plastik.

Wir brechen auf in den Arches National Park (8.1). Die Schlange der Autos am Eingang lässt uns einigen Besucherandrang erwarten, aber zum Glück verlaufen sich die Menschenmassen im Park etwas. Unser Annual Pass kommt zum Einsatz, wir erhalten Karte und eine Zeitung über den Park, danach fahren wir den ersten Haltepunkt an, den Park Avenue Trail. Dieser verläuft zwischen zwei hoch aufragenden Felswänden am Boden eines Einschnittes entlang. Kathrin und Jan wollen laufen, wir werden sie am anderen Ende auf einem speziellen Parkplatz wieder einsammeln.

Während wir auf die beiden warten, lockert die Bewölkung langsam auf und die Sonne lässt sich blicken. Da sehen die Felsen doch gleich viel freundlicher aus.

Nächster Halt ist ein Wahrzeichen des Parks, der Balanced Rock. Dieser 39 m hohe Felsen besteht streng genommen aus zwei unterschiedlichen Gesteinsarten. Während der obere Teil, der einem runden Felsbrocken gleicht, sehr hart ist, erodiert der untere Teil des Felsens schneller. Irgendwann einmal wird der obere Felsen, der selbst 17 m hoch ist und ein Gewicht von 3.500 Tonnen auf die Waage bringt, einfach herunterkippen, weil seine tragende Basis zu stark erodiert ist. Ähnliche Formationen gibt es überall im Park zu sehen, aber nirgendwo so freistehend und so beeindruckend.

Auf den Felsen gegenüber können wir ein paar Kletterer beobachten. Sie seilen sich wagemutig von den Spitzen ab. Am Parkplatz des Double Arch holen uns die Wochenendausflügler dann doch ein, es ist nichts frei. Wir lassen Kathrin und Jan aussteigen. Die beiden machen sich auf den Weg zum Turret Arch und zum North und South Window. Wir kurven über den Parkplatz und haben Glück. Schon nach einer Viertelstunde fährt ein Wagen weg, der Stellplatz gehört uns.

Claus und ich bewaffnen uns mit unseren Wanderstiefeln und machen uns auf den kurzen Weg zum Double Arch. An einer Felsformation, die „Parade of Elephants" heißt und auch genauso aussieht, geht es vorbei, und wir erreichen diesen beeindruckenden Felsbogen. Ich sollte besser sagen, diese Felsbögen, denn es handelt sich um zwei Arches, die nebeneinander liegen. Der größere der beiden hat einen Durchmesser von 49 m, der kleinere ist immerhin noch 33 m breit.

Double Arch

In einem Anfall von Wagemut beschließe ich, in den kleineren hineinzuklettern. Nach oben geht es relativ einfach und die Aussicht ist es auch wert. Von hier oben hat man einen Ausblick ins Tal und auf den Balanced Rock auf der einen und auf die Windows auf der anderen Seite. Aber der Weg hinunter ist nicht ganz so einfach. Da bin ich doch froh, dass ich meine Wanderstiefel anhabe und somit festen Halt. Allerdings bin ich nicht die Einzige, die mit dem Abstieg Probleme hat, doch die Kletterer helfen sich untereinander. So komme ich sicher wieder nach unten.

Nach dieser kleinen Klettereinlage müssen wir erst einmal ein gemeinsames Foto machen, danach geht es, am Panorama Point vorbei, zum Lower Delicate Arch Viewpoint. Von hier aus haben wir einen Ausblick auf ein weiteres Wahrzeichen des Parks, den Delicate Arch, wohl den berühmtesten Arch der USA. Nicht umsonst ziert er das Cover vieler Reiseführer. Aber wir wollen noch ein wenig näher ran und steigen über den 800 m langen Wanderweg zum Upper Viewpoint hinauf. Die Strecke ist nicht sehr lang und auch nicht sehr steil, aber in der prallen Sonne ist es doch ein wenig anstrengend.

Delicate Arch vom Lower Viewpoint aus

Als nächstes passieren wir den Fiery Furnace Viewpoint. Die Felsen hier sind dicht gedrängt nebeneinander und ragen steil in den Himmel. Die Farben schwanken zwischen verschiedenen Rottönen, immer wieder durchzogen von weißen Sandsteinschichten.
Wir haben uns eine Mittagspause verdient und halten an einer der zahlreichen Picnic Areas. Unsere Kühlbox wandert auf den Tisch und im Schatten eines großen Baumes halten wir Siesta. Während Kathrin und ich nach dem Essen noch eine Zigarette genießen, klettert Jan schon wieder auf den Felsen herum. Auf Claus' Frage, wo er denn sei, bekommt er nur die Antwort: „Schau nach oben!"
Wir haben schon einmal hier im Park auf dem Campground übernachtet und wollen Kathrin und Jan diesen noch schnell zeigen. Die einzelnen Campsites liegen hier wunderschön zwischen den Felsen eingebettet und der kleine Umweg lohnt sich allemal, nicht zuletzt wegen der vielen unterschiedlichen Wohnmobile, die es hier zu sehen gibt.
Einen letzten Arch wollen wir bei unserem Besuch nicht auslassen, den Landscape Arch. Seine Spannweite beträgt fast 90 m und damit ist er der fünftlängste Arch der Welt. Auf einem gut ausgebauten Wanderweg geht es die knapp 2 km zum Arch. Wir können uns noch daran erinnern, dass es bei unserem ersten Besuch 1987 noch einen Wanderweg gab, der unter dem Arch hindurchführte. Nachdem ein Teil 1991 abgebrochen ist, welches immerhin 180 Tonnen wog, hat der National Park Service diese Strecke geschlossen, es ist einfach zu gefährlich. Aber auch aus der Entfernung bietet der Bogen einen imposanten Anblick. Leider kommt die Sonne aus der falschen Richtung, die besten Bilder kann man wohl am frühen Morgen machen.
Auf dem Rückweg machen Kathrin und Jan noch einen kleinen Abstecher zum Sand Dune und zum Broken Arch. Wir schlendern derweil in Richtung Parkplatz. Als die beiden

Wanderer uns wieder einholen, ist Kathrin einigermaßen erbost. Jan hat auf dem Weg mit einer Klapperschlange geflirtet. Er musste diese auch noch auf ihrer Flucht verfolgen, denn schließlich muss er diese Begegnung in einem Foto für die Kumpels daheim dokumentieren.
Auf dem Rückweg würden wir am liebsten an jeder Ecke halten, denn die Abendsonne hat die Felsen wieder einmal in ein unwirkliches Rot getaucht. Die Faszination, die diese roten Felsen auf uns ausüben, wird sich wohl niemals geben.
Das Tagesprogramm ist heute noch nicht beendet, es soll ein weiterer „Höhepunkt" folgen, die 2. Presidential Debate zwischen Donald Trump und Hillary Clinton. Da wir diese im TV live verfolgen wollen, gibt es heute nur einen Snack auf dem Zimmer.
Als wir das Hotel erreichen, ist der Room Service noch in vollem Gange, sauber geht anders! Wir steigen über auf dem Boden liegende Handtücher zu unserem Zimmer und stehen vor verschlossener Tür. Die Nachfrage an der Rezeption ergibt, dass man uns umgezogen hat. Wir haben jetzt ein größeres Zimmer mit zwei Betten.
Die Presidential Debate (8.2) ist dann nur mit jeder Menge Alkohol zu ertragen. Wie jeder normale Mitteleuropäer können wir uns nicht vorstellen, dass dieser Mensch einmal Präsident einer Weltmacht werden könnte. Er geht voll auf Angriff, das meiste ist unterhalb der Gürtellinie. Hillary hält sich tapfer. Die Kommentatoren sind einhellig der Meinung, dass sie die Debatte gewonnen hat (dass ihr das nichts nützen wird, ahnen wir zu diesem Zeitpunkt noch nicht!).
Sie gewinnt mit 57 % gegen 34 % nach einer zeitnahen Umfrage von CNN.
Noch ein letzter Whiskey und wir sind bettreif.

Anmerkungen ☺😐☹

8.1

https://www.nps.gov/arch/index.htm

8.2

Wenn Sie Interesse daran haben, sich den Unsinn anzuhören, verfolgen Sie das Video auf YouTube:
https://www.youtube.com/watch?v=FRlI2SQ0Ueg

9. Shafer Trail und Island in the Sky

Heute ist also Columbus Day. Beim Frühstück merken wir allerdings nichts davon. Das Hotel ist erstaunlicherweise relativ leer, ebenso der Frühstücksraum.
Während Claus und Jan die Kühlbox ins Auto tragen, versenke ich meine alten Wanderstiefel im Mülleimer vor dem Haus. Ich habe gestern auf der wirklich nicht weiten Wanderung einen tiefblauen Zeh bekommen, weil ich vorne immer angestoßen bin. Da werde ich wohl ein paar neue Stiefel brauchen, aber das kann warten. Für heute müssen es erst einmal die Wanderschuhe tun.
Wir wollen über die Potash Road und den Shafer Trail zum Island in the Sky, einem Teil des Canyonland National Parks, und verlassen Moab auf der 191 Richtung Norden. Kurz nachdem die letzten Hotels verschwunden sind, zweigt die Road 279 nach Westen ab. Ein Stück geht es diese Straße entlang, die in ihrem Verlauf dem Colorado folgt, dann verkündet ein Schild „Indian Writing" und ein Pfeil deutet nach rechts. Wir halten und sehen uns die Felswände auf der rechten Seite genauer an. Und siehe da, der ganze Felsen ist mit Zeichnungen übersät. Je länger wir schauen, desto mehr Zeichnungen entdecken wir. Dazwischen verstecken sich Kletterhaken, die in den Fels geschlagen wurden, und Reste alter Halteseile. Heute ist das Klettern hier an dieser Stelle allerdings untersagt. Wegen der Felszeichnungen!
Wieder ein paar Kilometer weiter erkunden wir noch Dinosaur Tracks, die sich in den Fels eingegraben haben, der einmal in grauer Vorzeit eine Sanddüne war.
Während wir noch den schimmernden Colorado und die grünen Bäume an seinem Ufer bewundern, verkündet schon das nächste Hinweisschild „Jug Handle Arch". Wieder ist der Name sehr treffend, denn der Arch sieht wirklich aus wie der Griff eines Kruges (9.1). Wir verlassen den Colorado

und biegen auf die Route 142 ab, die Potash Road (9.2). Ab jetzt begleiten uns für kurze Zeit Bahnschienen, der Güterverkehr bringt Abbauprodukte der Pottasche-Fabrik nach Moab.

Bis hierher ist die Straße noch fein asphaltiert, dann beginnt die „Dirt Road". Wir fahren in den Canyonlands National Park hinein. Ab hier sollen wir wieder Eintritt bezahlen, diesen im Visitor Center im Island in the Sky in 31 km Entfernung entrichten (aber wir haben ja unseren Annual Pass).

Ein weiteres Hinweisschild kennzeichnet die Abbiegung zum „Schaffer Trail". Da hat wohl jemand nicht ganz die richtige Schreibweise getroffen. Runde Felsformationen rücken näher an die Straße heran, der Untergrund wird etwas uneben, ist aber immer noch gut befahrbar (9.3). Wir halten an einem markanten Felsen, der kurz vor dem Herunterrollen an einer Felskante zu schweben scheint. Trotz vereinter Kräfte gelingt es uns aber nicht, ihn runterzustoßen (wir haben es aus Spaß und für ein gutes Foto wirklich versucht☺).

Der Fels an der Potash Road

Ein Stück weiter treffen wir auf Seen aus Kaliumkarbonat. Hier wird die Pottasche gewonnen. Das tiefe Blau des Wassers bildet einen reizvollen Kontrast zu den gleißend weißen Rändern. Unser Objektiv müssen wir allerdings durch den Zaun stecken, damit wir ein schönes Bild bekommen. Das Gelände rundherum ist von weißen Kristallen übersät. Die Kristalle bilden einen tollen Kontrast zu den roten Felsen.
Die Straße windet sich anschließend stetig in die Höhe. Wir passieren eine unangenehme Engstelle, die ich allerdings gefährlicher in Erinnerung hatte. Hinter der nächsten Kurve wartet ein atemberaubender Blick hinunter auf den Colorado auf uns. Der Fluss macht hier einen Bogen. Die Aussicht erinnert stark an den Horseshoe Bend, allerdings sind hier die Ufer grün bewachsen. Im Rücken haben wir den Aussichtspunkt des Dead Horse Point State Park.

Der Bogen des Colorado auf dem Shafer Trail

Während Kathrin und ich noch die Aussicht genießen, sind unsere Männer mit einem Japaner ins Gespräch gekommen, der mit seinem Fahrrad auf der Route unterwegs ist. Für ihn sei die Reise, so erzählt er, eine Art der Meditation. Er ist jedes Jahr 6 Monate unterwegs und lebt von seinem Blog.

Wir bewundern seine Sportlichkeit und seinen Mut. Schließlich ist er ganz alleine unterwegs.
Langsam haben wir das Ende der Straße erreicht, und jetzt wird es spektakulär. Wie der Moki Dugway – nur viel enger und vor allem steiler – windet sich die Straße in engen Serpentinen die Felswand hinauf. Ab und zu wird die Strecke etwas breiter und wir nutzen die Gelegenheit, um anzuhalten und einen Blick zurück auf unsere Strecke zu werfen, die von hier oben gut auszumachen ist. Der Anblick ist atemberaubend. Man kann nicht nur den Shafer Trail sehen, sondern auch die White Rim Road, die hier abzweigt und auf der man von hier aus durch die Canyonlands fahren kann. Allerdings dauert die ganze Strecke mehr als einen Tag, man müsste also, wenn man Entsprechendes vorhat, einmal unterwegs übernachten.
Schließlich erreichen wir die obere Kante und gleich auch wieder den Asphalt. Die Strecke mündet fast neben dem Visitor Center. Wir kommen uns ein wenig so vor, als kämen wir aus der Wildnis und würden endlich wieder auf Menschen treffen. Und die gibt es reichlich. Gleich mehrere Reisebusse stehen hier und haben ihre Fracht im Visitor Center ausgekippt. Nach einer kurzen Pause fahren wir zum Mesa Arch. Der Weg vom Parkplatz zum Arch ist nur kurz, wir müssen ihn allerdings mit einer gefühlten Hundertschaft von Japanern teilen. Der Arch selbst gehört zu den meistfotografierten in den USA: am frühen Morgen strahlt die aufgehende Sonne ihn von unten an und seine Unterseite leuchtet dann förmlich auf. Um diese Tageszeit scheint die Sonne eher von der Seite, aber der Ausblick ist auch so sehr schön. Der Arch bildet fast ein Fenster, durch das man auf einen Teil der Canyonlands sehen kann. Wir müssen ein wenig warten, bis sich die Japaner wieder auf dem Rückweg zum Bus befinden, was ja glücklicherweise meist nicht lange dauert. Japanische Pausen sind immer sehr kurz. Nun haben wir

Zeit und Gelegenheit für unsere eigenen Fotos, Arch mit und ohne uns.

Buck Canyon Overlook und Grand View Point sind unsere nächsten Haltepunkte. Von letzterem hat man einen Gesamtüberblick über den Park.

So langsam wird es Zeit für den Rückweg. Diesmal nehmen wir aber den Asphalt unter die Räder. Auf der 313 geht es aus dem Park heraus. Kurz bevor wir den Highway 191 erreichen, der uns wieder nach Moab bringen soll, werden wir von einem Cabrio überholt, welches viel zu schnell fährt. Wir diskutieren noch darüber, dass dies in den USA manchmal böse Folgen haben kann und erklären unseren Neulingen, dass Schilder mit der Aufschrift „patrolled bei aircraft" der Verkehrspolizei durchaus ernst zu nehmen sind, als wir es schon in der Ferne blinken sehen. Ein Polizeiwagen unter voller Beleuchtung hat unser Cabrio „gestellt". Der junge Mann steht neben dem Auto und sieht alles andere als glücklich aus. Dieser Ausflug wird für ihn teuer (9.4)!

Wir wollen, bevor wir wieder ins Hotel fahren, noch unsere Vorräte ein wenig ergänzen. Dabei stellen wir aber schnell fest, dass Moab ein teures Pflaster ist. Wir fragen uns, wo die Einheimischen bei diesen Preisen einkaufen. Also kaufen wir im Supermarkt nur das dringend Notwendige. Dazu gehört aus unserer Sicht aber auch noch Bier. Unser Vorrat hat unter der gestrigen Debatte gelitten. Wir finden sogar einen Liquor Store, dieser ist aber – geschlossen. Heute ist Columbus Day, ein Feiertag, und wir sind in Utah! Also müssen wir uns mit Cola begnügen.

Der kurze Bummel über die Hauptstraße von Moab beschert mir noch ein T-Shirt. Das Geschäft heißt „Red Dirt Shirts" und wirklich sehen die T-Shirts so aus, als habe man sie mit dem roten Sand eingerieben. Der Hinweis der Verkäuferin lautet folgerichtig auch, die T-Shirts erst einmal separat zu waschen (mittlerweile habe ich das Shirt schon mehrfach gewaschen und es hat immer noch seine ursprüngliche

Farbe, auch die Stickereien im Vorderteil haben nicht gelitten, ein guter Kauf).
Zum Abendessen zieht es uns wieder zu Denny's. Die Bedienung erkennt uns wieder und wir werden schnell und höflich bedient.
Zum Abschluss eines wunderschönen Tages genießen wir noch ein wenig frische Luft, bevor wir ins Bett verschwinden. Heute etwas früher, denn morgen liegt eine weite Fahrt vor uns.

Anmerkungen ☺😐☹

9.1

Ein Bild dieses Archs finden Sie unter:
http://coloradoguy.com/jug-handle-arch/utah.htm

9.2

Potash, oder auf Deutsch Pottasche, ist ein Kaliumsalz (Kaliumkarbonat). Es wird verwendet als Zusatz bei der Herstellung von Glas, als Zusatz zu Schmierseifen, für die Herstellung von Farben und Düngemitteln. Es findet aber auch Anwendung als Triebmittel für Plätzchen, Lebkuchen und Teige mit hohem Zuckergehalt.
Die größten Vorkommen weltweit finden sich in Kanada und Russland.

9.3

Auch hier gilt: Erkundigen Sie sich vorher, in welchem Zustand die Straße ist. Hat es vorher geregnet, fahren Sie über ausgewaschene Felsplatten und spiegelglatte Schlammflächen, die sogar einen SUV vor Probleme stellen können.
Außerdem sollten Sie diese Straße nach Möglichkeit von „unten nach oben", also von Moab zum Island in the Sky befahren. Freunde von uns haben auf unsere Empfehlung hin die Route unter die Räder genommen, aber den ganzen Tag im Canyonlands National Park verbracht und sich gegen Abend auf den Weg hinunter nach Moab gemacht. Sie hätten beinah im Auto übernachten müssen, weil die Straßenverhältnisse so schlecht waren und der Weg nicht wirklich gut einsehbar war. Beinahe hätten sie uns die Freundschaft gekündigt!

9.4

Ein gut gemeinter Rat: Halten Sie sich genau an die geltenden Regeln, sonst wird ihre Urlaubskasse ein gefundenes Fressen für die Polizei. Rechnen Sie auch in abgelegenen Gegenden mit Geschwindigkeitskontrollen.

Unten finden Sie eine kurze Aufstellung der wichtigsten Regeln und ein Dokument zum Ausdrucken.

Angst sollten Sie aber keine haben. Die Polizei ist freundlich und hilfsbereit, sobald sie merken, dass es sich um Touristen handelt.

http://www.usatipps.de/mietwagen/verkehrsregeln/
http://recht.us/images/VerkehrsregelnUSA.pdf

10. Von Moab nach Cannonville

Der heutige Tag soll meine Planung auf den Kopf stellen, etwas, was uns Gott sei Dank nicht so oft passiert ist während unserer Reise. Doch der Reihe nach:
Um 7 Uhr gibt es Frühstück. Der Frühstücksraum ist wegen der frühen Stunde noch leer. Wir haben ihn ganz für uns alleine. Einzig der Portier, der wohl auch Inhaber oder Pächter und Mädchen für alles in einer Person ist - jedenfalls ist er immer da, egal wann wir kommen oder gehen -, ist schon auf seinem Posten.
Wir verlassen Moab wieder auf der 191 in nördlicher Richtung und treffen nach ein paar Meilen auf die Interstate 70, auf die wir Richtung Salt Lake City abbiegen. Nach einer Stunde passieren wir Green River und beobachten die wenig malerischen Hotelkomplexe, die von der Interstate aus sichtbar sind. Das Paar, welches wir an unserem ersten Abend in Moab an der Rezeption getroffen haben, kommt uns wieder in den Sinn, die abgewiesen wurden und hier spät und in der Dunkelheit eine Unterkunft suchen mussten. Eine weitere halbe Stunde vergeht ereignislos. Die Landschaft, die wir durchfahren, ist recht eintönig, die Interstate kaum befahren. Wir biegen nach Süden auf die 24 ab und erreichen 30 Minuten später Goblin Valley. Unsere Route hat uns dabei um den Canyonlands National Park herum geführt. Leider hat sich die Sonne erst einmal verabschiedet. Der Eindruck, den dieser State Park auf uns macht, wird dadurch aber kaum getrübt. Nach dem obligatorischen Abstecher ins Visitor Center und nachdem wir die 13 $ Entrance Fee entrichtet haben (der Annual Pass gilt nicht in State Parks!), parken wir oberhalb des Tales und haben vom Aussichtspunkt einen ersten Überblick über die Goblins (10.1). Dies sind kleine Felsen in unzählbarer Menge. Wir

steigen auf dem Trampelpfad ins Tal hinunter und finden uns in einer Traumlandschaft wieder.

Um uns herum tanzen hunderte kleiner Kobolde. Wir verlieren uns kurzfristig dazwischen aus den Augen. Ab und zu kommt die Sonne hervor und unsere Fotoapparate rasten sofort aus. Ein Foto nach dem anderen, da ist noch eine interessante Formation, oder doch an der anderen Seite?

Am hinteren Ende des Tales ragt eine Felswand auf. Es ist unschwer zu erkennen, dass hier durch die Erosion immer neue Formationen ausgewaschen werden, während sich die Felswand langsam zurückzieht.

Goblin Valley

Fast meint man, die Erosion arbeiten sehen zu können: erst entstehen durch Wasser kleine Spalten, die langsam breiter werden, dann brechen Bögen und Brücken zusammen und übrig bleibt das härtere Gestein, welches die Form der Goblins annimmt.

Schweren Herzens reißen wir uns los und fahren weiter Richtung Hanksville. Was man in diesem Ort sehen kann, ist schnell aufgezählt: zwei Hotels, ein Campground, ein Schnellrestaurant und eine Tankstelle. Da Tankstellen in der

Regel in den USA eine gute Quelle für Kaffee sind, halten wir und vertreten uns ein wenig die Beine. Während ich noch Kaffee „zapfe", schweift mein Blick durch den kleinen Laden mit Souvenirs und Karten. Und siehe da, die Farbe kommt mir doch bekannt vor. Tatsächlich haben sie hier die Utah-Karte vorrätig, die wir schon in Bluff kaufen wollten. Wir schlagen sofort zu.

Wir folgen weiter der 24 Richtung Westen. Kurz nach dem Ort müssen wir einmal anhalten, weil wir zwischen den herbstlich gefärbten Bäumen ein paar malerische Ruinen entdecken. Leider sind sie nicht zugänglich, so dass wir sie nur mit dem Objektiv heranholen können. Ein Stück weiter wartet ein abgestellter Betonmischer darauf, dass er seine Tätigkeit vielleicht wieder aufnehmen kann. Er fordert dazu auf: VOTE NO 4 HILARY (der Schreiber verrät aus unserer Sicht deutlich, wes Geistes Kind er ist, denn Hillary Clinton schreibt sich mit zwei „l").

Der Betonmischer war der Vorbote einer endlosen Baustelle, die uns ab hier den Weg erschwert. Sogar hier, auf dieser abgelegenen Strecke, bauen sich Staus auf. Kathrin und Jan bewundern die Art der amerikanischen Arbeitsbeschaffung. Flagmen sind in Europa einfach nur schwer vorstellbar. Aber sie nehmen ihren Job sehr ernst und regeln den Verkehr gewissenhaft. Meist sind sie mit Walkie Talkies ausgerüstet und ersetzen die bei uns üblichen Ampeln (oder andersherum ☺)?

In unserem Auto stinkt es nach Teer, während wir die lange Baustelle passieren.

Parallel zur Straße zieht sich der Fremont River durch das Tal. Endlich haben wir es geschafft und erreichen den Eingang des Capitol Reef National Parks (10.2). Der Park besteht seit 1971, zuvor war er aber schon ein National Monument (so etwas wie die Vorstufe zu einem National Park). Seinen Namen sollen ihm die ersten Siedler gegeben haben, da sie die Form der Felswände an ein Riff erinnerte.

Im 19. Jahrhundert gründeten mormonische Siedler unterhalb der Felswand den Ort kleinen Fruita. Durch den Fremont River war die Wasserversorgung gesichert und ausreichend für Ackerbau und Viehzucht.

Aber die Gegend war schon 300 v. Chr. von den Vorfahren der Hopi, Zuni und Paiute besiedelt. Aus dieser Zeit stammen auch die Felszeichnungen, die wir im Park bewundern können. Die Kräfte der Erosion sind an diesen Zeichnungen nicht spurlos vorbeigegangen. So sind einige Felsplatten abgebrochen und haben die Zeichnungen mit ins Tal heruntergerissen.

Felszeichnungen im Capitol Reef National Park

Aber auch frühe Siedler und Pioniere sind mit den Zeichnungen nicht sehr sorgfältig umgegangen. Überall zwischen den historischen Ritzungen finden sich Inschriften von (nicht ganz so historischen) Touristen.

Nachdem Kathrin durch das Fenster einen Blick in das alte Schulhaus geworfen hat (leider verschlossen) und wir einen Abstecher ins Visitor Center gemacht haben, sind wir reif für eine kleine Pause. Neben dem Campground, der übrigens fast immer ausgebucht ist und unbedingt vorreserviert werden muss, gibt es dafür eine Picnic Area. Die Sonne scheint immer noch nicht und so ist es recht kühl. Die Pause dauert aus diesem Grund auch nicht allzu lange. Claus möchte unbedingt den Scenic Drive fahren. Ich erhebe zwar Einspruch, da ich noch die weitere Strecke bis Cannonville im Kopf habe, werde aber überstimmt.

Die Strecke ist allerdings wirklich sehenswert (10.2). Zuerst machen wir einen kleinen Abstecher nach links in den Grand Wash hinein. Es ist wieder trocken und die Strecke gut befahrbar. Ein wenig Sorgen machen uns die großen Wolken, die sich am Himmel zusammenballen. Da zieht eindeutig ein Gewitter auf. Aber noch haben wir Zeit. Den Cassidy Arch können wir fast nur erahnen, denn hinter ihm erhebt sich eine Felswand und vor dem Hintergrund ist er nur schwer zu erkennen. Auf der anderen Seite der Straße können wir aber jede Menge kleiner Arches entdecken, die auf keiner Karte verzeichnet sind.

Einer der unzähligen kleinen Arches in einer Felswand

Überall kann man außerdem sogenannten Canyon Lack beobachten. Dies sind schwarze Streifen, Ablagerungen bzw. Auswaschungen, die sich senkrecht in den Felsen abzeichnen.

Am Ende der ausgebauten Strecke geht es auf einer Schotterstraße in die Capitol Gorge hinein. Ein Stück kann man noch mit dem Auto weiterfahren, danach beginnt ein Wanderweg, der uns zum Pioneer Register führt. Von 1884 bis 1962 war dies eine normale Straße, die heute nach ein paar Meilen endet. Der Hinweis „Consider the weather before proceeding into the gorge" lässt uns wieder einen ängstlichen Blick gen Himmel werfen, aber noch hält das Wetter, es kommt sogar ein wenig die Sonne heraus. Die Schlucht wird enger und rechts und links an den Wänden werden Löcher wie von Bienenwaben sichtbar. Jan benutzt diese gleich mal wieder für eine Klettertour.

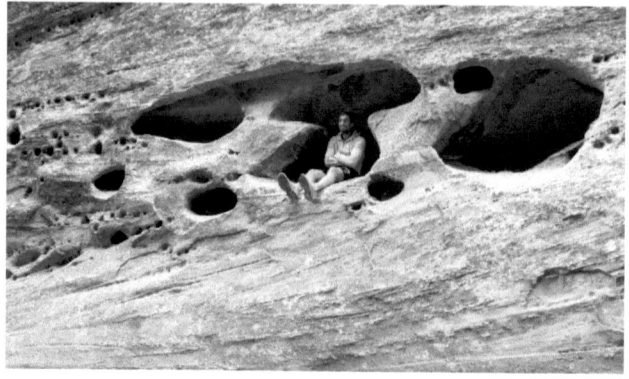

Als die Felsen glatter werden, finden wir die als Pioneer Register bezeichneten Inschriften. Diese sind wesentlich jünger als die am Parkeingang und stammen von „historischen" Touristen, die hier entlanggefahren sind. Viele datieren aus den 1880er Jahren.

Kurz hinter dem Register geht der Wanderweg schräg steil den Hang hoch zu den sogenannten Tanks. Dies sind ausgewaschene Löcher, in denen sich auch im Sommer noch Wasser sammelt. Während Kathrin und Jan noch schnell den Hügel hinaufklettern - die Strecke ist nicht ganz einfach -, warten wir unten und beobachten den Himmel. Donner klingt aus der Ferne zu uns herüber. Aber unsere Sorge löst sich langsam in Luft auf, die Sonne schiebt sich zwischen den dicken Wolken hindurch und der Himmel nimmt eine faszinierende Färbung an. Als die beiden von ihrem Abstecher zurückkommen, erzählen sie uns von einem Erlebnis. Kathrin ist wohl indirekt dafür verantwortlich, dass sich ein junges Mädchen in einem der Tanks nasse Füße geholt hat. Das Mädchen war schon etwas unsicher herum geklettert, hatte sich aber ein Herz gefasst, als sie sah, dass ein doch schon etwas älteres Semester problemlos auf die andere Seite gelangen konnte. Die junge Frau ist abgerutscht und stand dann bis zu den Knien im Wasser. Gott sei Dank sind die Tanks im Herbst nicht mehr tief.

Wir gehen zurück und machen uns, unterbrochen von vielen Fotostopps, auf den Rückweg.

Am liebsten würde ich in Torrey übernachten. Dann könnten wir die Färbung und den Sonnenuntergang noch länger in Ruhe beobachten. Aber unser vorgebuchtes Quartier wartet (10.3).

Kurz hinter Torrey haben wir auf der Strecke die erste Begegnung mit Wild. Wenn Claus nicht so schnell reagiert hätte, hätte er einen Zusammenstoß kaum noch vermeiden können.

Wild am Straßenrand – in der Dunkelheit kaum zu erkennen

Ein Stück weiter plant ein Vogel einen Angriff auf unsere Windschutzscheibe und gegen Ende der Strecke steht auch noch eine Kuh dicht am Rande der Fahrbahn, auf der „soft shoulder" (unbefestigter Seitenstreifen). Alles in allem ist es keine schöne Fahrt nach Cannonville. Was wir außerdem bei unserer Fahrt im Dunkeln verpassen, ist die herrliche Aussicht auf der Route 12 (10.4).

In Cannonville wartet als Ausgleich eine angenehme Überraschung auf uns. Das Grand Staircase Inn ist sehr schön, die Zimmer groß und freundlich. Alles ist blitzsauber. Das nächste Restaurant ist jedoch zu weit entfernt und wir haben die Nase voll vom Fahren. Im Hotel gibt es glücklicherweise einen kleinen Supermarkt und die Zimmer haben eine Mikrowelle. So kommen wir zu einem köstlichen chinesischen Abendessen, bevor wir ins Bett fallen.

Anmerkungen ☺😐☹

10.1

Das Goblin Valley selbst hat eigentlich keinen Wanderweg, man bewegt sich frei im Tal umher. Sollten Sie trotzdem Lust auf eine Wanderung haben, so können Sie den Curtis Bench Trail oder den Entrada Canyon Trail entlangwandern. Ersterer ist allerdings weitgehend „goblinfrei".
Die folgenden Seiten informieren über das Tal und bieten auch jede Menge Fotos:

http://stateparks.utah.gov/parks/goblin-valley/
https://de.wikipedia.org/wiki/Goblin_Valley_State_Park
https://utah.com/goblin-valley-state-park

10.2

https://www.nps.gov/care/index.htm
Eine genaue Beschreibung der Strecke gibt es unter:
https://www.nps.gov/care/planyourvisit/scenicdrive.htm

10.3

An dieser Stelle ein Wort zu Vor- und Nachteilen von vorgebuchten Quartieren. Ein Vorteil ist sicher, dass man immer genau weiß, wo der Tag endet. Ist man in einer Gruppe unterwegs und braucht mehr als ein Zimmer, ist es aus meiner Sicht unbedingt notwendig vorzubuchen, zumindest an Feiertagen und am Wochenende (Sie erinnern sich an Moab und an den Columbus Day?).
Auf der anderen Seite ist man dann festgelegt und kann die Planung nicht mehr so leicht ändern. Es passiert aber immer mal wieder, dass man eine Strecke falsch einschätzt und viel länger braucht, als man ursprünglich geplant hat.
Wenn Sie, wie wir meistens, nur zu zweit unterwegs sind und vielleicht auch nicht unbedingt in der Ferienzeit, müssen Sie eigentlich nicht unbedingt vorbuchen. Man kann die Route dann besser individuell und kurzfristig ändern. Wir genießen diese Freiheit. Hotels gibt es normalerweise in

ausreichender Zahl. Außerdem kann man sich die Hotels vor Ort ansehen und sich gegebenenfalls die Zimmer zeigen lassen (dies ist in den USA durchaus üblich).

10.4

Die Scenic Route 12 über Escalante zählt für mich zu einer der schönsten Strecken im Südwesten der USA. Wenn Sie ausreichend Zeit haben, planen Sie ein wenig davon für die Strecke ein. Die Aussichten sind mehr als lohnenswert:
https://www.scenicbyway12.com/
https://de.wikipedia.org/wiki/Utah_State_Route_12

11. Bryce Canyon und Cottonwood Canyon Road

So großartig das Zimmer ist, so einfach ist das Frühstück. Der einzige Wermutstropfen dieses sonst so schönen Hotels. Wir bekommen nur Toast, Jam, Butter und Kaffee. Man könnte noch zusätzlich Joghurt o. ä. dazukaufen, aber wir reichern das Frühstück mit Käse, Cereals und Obst aus unserem Vorrat an.

Im heute wieder strahlenden Sonnenschein geht es Richtung Bryce Canyon (11.1).

Eigentlich handelt es sich um keinen „Canyon" im klassischen Sinn, sondern eher um eine Abbruchkante, die die Form eines Amphitheaters hat.

Der Nationalpark liegt auf 2400 bis 2700 m Höhe, was an den Temperaturen jetzt im Oktober deutlich zu merken ist. Er liegt damit übrigens höher als der Grand Canyon. Seinen Namen erhielt der Park von einem der ersten weißen Siedler in dieser Region namens Ebenezer Bryce (11.1), der sich 1875 hier niederließ und ein Mitglied der Mormonen war. Der Nationalpark wurde 1924 zum National Monument und 1928 zum National Park erklärt.

Wir fahren am Mossy Cave Trail vorbei, wieder einmal ist die Zeit zu knapp, und passieren, nachdem wir auf die 63 abgebogen sind, Bryce Canyon City. Der Name ist stark übertrieben, denn es handelt sich um eine Ansammlung von Hotels, Restaurants und einer Tankstelle.

Am Parkeingang müssen wir natürlich ein Foto vor dem Eingangsschild machen.

Noch bevor wir die Fee Station erreichen, biegen wir nach links ab. Unser Ziel ist der Fairyland Point. Dies ist einer unserer Lieblingspunkte im Park. Die Aussicht auf den Bryce ist fantastisch und der Punkt ist normalerweise recht leer. Von hier aus führt ein Wanderweg zur Lodge im Park. Wir gehen ein Stück den Trail hinunter, aber nur, um Fotos zu machen und dafür eine bessere Perspektive zu haben. Anschließend ist ein Stopp im Visitor Center geplant. Dieser scheitert beinah an der Parkplatzsituation. Es ist brechend voll. Wo kommen auf einmal die vielen Menschen her? Gestern waren wir noch recht alleine unterwegs, doch hier ballen sich die Touristen. Die Ranger im Visitor Center haben alle Hände voll zu tun, um Fragen zu beantworten. Wir erfahren, dass der Parkplatz an der Lodge wegen Malerarbeiten gesperrt ist und der Besuch möglichst mittels des Shuttles erfolgen sollte. An der Haltestelle haben sich schon lange Schlangen gebildet. Was tun? Wir entscheiden uns dafür, Kathrin und Jan alleine auf den Trail vom Sunrise zum Sunset Point zu schicken, sie laufen eine Kombination aus Navajo Trail und Queens Garden Trail.

Bryce Canyon

Wir haben diesen Trail schon zweimal absolviert. Nachdem wir die beiden „rausgeschmissen" haben, machen wir uns auf die Suche nach einem Parkplatz. An der Lodge sind noch genügend Parkplätze vorhanden. Wir parken und machen uns auf den Weg zum abgemachten Treffpunkt. Unterwegs beobachten wir die „Malerarbeiten": ein einzelner Arbeiter steht auf dem Parkplatz und macht den Eindruck, als wisse

er nicht, wozu der Farbeimer in seiner Hand eigentlich gedacht ist. Warum im Zuge dieser „Malerarbeiten" allerdings die Toiletten geschlossen sind, erschließt sich uns nicht.
Wir statten der Lodge einen kurzen Besuch ab, danach gehen wir vom Sunrise Point ein Stück in den Canyon hinunter, bis wir auf Kathrin und Jan treffen, die von der anderen Seite kommen. Sie sind schneller gewesen, als wir gedacht haben, und sind von den Formationen stark beeindruckt. Sie berichten Erstaunliches. Kaum hätten sie sich ein Stück vom übervollen Aussichtspunkt entfernt, seien sie fast allein auf weiter Flur gewesen. Erst kurz vor dem Anstieg seien ihnen wieder Menschenmassen entgegen gekommen. Alle wollten anscheinend nur ein wenig die Aussicht auf dem doch recht steilen Weg genießen, ohne ihn tatsächlich zu laufen. Gemeinsam machen wir uns auf den Weg zum Bryce Point. Hier erwischt es Claus. Er muss einen Parkplatz suchen, während wir schon einmal einen atemberaubenden Blick in den Canyon werfen. Der Aussichtspunkt ist im letzten Jahr komplett neu angelegt worden. Wo man über Felsen klettern musste, sind jetzt ein Geländer und ein asphaltierter Weg, sogar für Rollstuhlfahrer geeignet.
Unsere Freude wird aber von den Menschenmassen getrübt, es ist einfach nicht so schön, wenn es so voll ist.
Wir treten die Flucht an. Dafür bieten sich uns zwei Fluchtwege nach Page, unserem nächsten Ziel, an. Entweder wir fahren über die 89, eine Strecke von 160 Meilen (Dauer 2 Std. 45 Min.) oder wir wagen es über die Cottonwood Canyon Road (11.2). Dies sind „nur" knapp 75 Meilen, die Fahrtzeit beträgt aber laut Navi 2 Std. 30 Min. Das liegt an der Beschaffenheit der Route. In Cannonville erkundigen wir uns im dortigen Visitor Center nach dem Zustand der Straße (unbedingt empfehlenswert). Die Rangerin fragt nach, was für ein Auto wir fahren. Wir deuten aus dem Fenster und zeigen auf unseren Suburban. Daumen hoch – damit

werden wir es schaffen. Es sei „a little bit rough, but passable". Nichts wie los, damit wir es noch vor Einbruch der Dunkelheit schaffen.

Um es vorweg zu sagen, die Straße ist einmalig schön. Sie ist nur meilenmäßig eine Abkürzung, denn aufgrund der wundervollen Landschaft dauert es genauso lange wie die Strecke über Kanab.

Wir durchfahren das Butler Valley, eine hügelige unspektakuläre Landschaft. Das einzig Sehenswerte sind die Baumaschinen, die dabei sind, Straßenschäden auszubessern.

Etwa nach 20 Meilen erreicht man die kleine Stichstraße zum Grosvenor Arch (11.3). Wir lassen uns den kurzen Abstecher nicht entgehen. Der doppelte Bogen spannt sich hoch oben auf einer Felswand, die frei in der Landschaft zu stehen scheint. Von beiden Seiten können wir den Arch bestaunen. Ein wenig Kletterei führt uns in der Mitte fast direkt unter den Bogen.

Grosvenor Arch

Ab jetzt wird die Straße enger und es häufen sich die Schlaglöcher. An einigen Stellen sind auch kleinere Abbruchkanten, die sich bis fast zur Straßenmitte hinziehen und die Claus gekonnt umkurvt. Schließlich erreichen wir eine kleine

Anhöhe, von der aus man einen Blick ins Herz des Cottonwood Canyon hat. Die Felsen zeigen alle Farben, von tiefem Rot über leuchtendes Orange bis zu gelben und weißen Steinen. Dazwischen blühen unendlich viele kleine weiße und gelbe Blumen – ein wunderschöner Anblick. Es geht hinunter in den Canyon und danach wieder herauf. Die Blumen begleiten uns von nun an auf unserem Weg. Für ihre Pracht ist der Paria River verantwortlich, der für Wasser sorgt. Wir können sein Band zwischen den Blumen schimmern sehen. Schließlich, gegen Ende der Route, ändert sich die Landschaft noch einmal dramatisch. Die Straße verlässt den Lauf des Paria River und steigt an. Es folgt eine karge Landschaft fast ohne Vegetation. Mich erinnert die Gegend stark an die Badlands in Süd-Dakota. Schließlich erreichen wir wieder die Route 89 und damit den Asphalt.

Von hier aus sind es nur noch ein paar Meilen bis Page. Da Page in Arizona liegt, haben wir wegen der anderen Zeitzone eine Stunde gewonnen. Wir erreichen unser Hotel, das Best Western Plus Lake Powell (11.4).

Wir beziehen unsere Zimmer mit der guten Qualität eines BW Plus und werfen einen kurzen Blick in den Frühstücksraum.

Abendessen gibt es heute bei einem Mexikaner, der in zu Fuß Entfernung liegt (11.5). Das El Tapatio bietet eine umfangreiche Speisekarte (diese heißt englisch übrigens „menu", sollten Sie mal in die Verlegenheit kommen, danach fragen zu müssen, falls sie nicht auf dem Tisch liegt). Die Auswahl fällt uns nicht leicht. Bei den Getränken ist es da schon einfacher, ein Margarita – und zwar ein möglichst großer. Kein Problem, kommt sofort. Und ist ganz ausgezeichnet, wie übrigens auch das Essen. Kathrin ist zwar zunächst entsetzt über die Größe des Tellers, der ihr serviert wird, aber nur so lange, bis sie merkt, dass die Portion nur dünn aufgetragen ist.

Auf dem Weg zum Restaurant liefert uns die Sonne noch ein unglaubliches Schauspiel. Über den Bergen färbt sie den Himmel in alle Farben. Ich kann mich nicht erinnern, solch einen Himmel schon einmal gesehen zu haben. Da muss unser Essen erst einmal warten, bis wir mit dem Fotografieren fertig sind.

Anmerkungen ☺😐☹

11.1

https://www.nps.gov/brca/index.htm
https://de.wikipedia.org/wiki/Bryce-Canyon-Nationalpark
http://visit-usa.at/utah-bryce-canyon-nationalpark/

https://de.wikipedia.org/wiki/Ebenezer_Bryce

11.2

Mein dringender Rat: erkundigen Sie sich nach dem Zustand der Straße. Bis zur Abzweigung zum Kodachrome Basin State Park und weiter bis zum Grosvenor Arch ist die Straße meist gut befahrbar. Dahinter wird es knifflig. Wir haben übrigens vor dieser Reise schon dreimal versucht, die Strecke zu fahren, aber die Straße war entweder in keinem guten Zustand, wir waren mit einem Wohnmobil unterwegs oder sie war gleich ganz gesperrt.

Eine detaillierte Beschreibung und weitere Informationen finden Sie hier:
http://www.westernladys-world.net/infos/ccr.php
https://www.scenicbyway12.com/the-byway/scenic-backways/cottonwood-canyon-road-scenic-backway/
http://www.canyon-trails.de/cottonwood_canyon_road.htm

11.3

https://en.wikipedia.org/wiki/Grosvenor_Arch
http://www.visitsouthernutah.com/Grosvenor-Arch

11.4

Best Western ist die weltweit größte Hotelkooperation mit mehr als 4.200 Hotels in über 90 Ländern.
Seit 2001 gibt es bei der Kette einen namentlichen Unterschied zwischen den einzelnen Hotels. Bis dahin waren die Hotels größtenteils im 3- bis 4-Sterne-Segment angesiedelt. Seit 2001 gibt es das First-Class-Segment unter der Marke Best Western Premier, meist Hotels in Europa und Asien. Zwischen der Basismarke und Premier ist die Qualitätsstufe Best Western Plus angesiedelt.
Wenn man häufiger in diesen Hotels übernachtet, drängt sich aber der Eindruck auf, dass der Unterschied zwischen Best Western und Best Western Plus nur im höheren Preis der Plus-Hotels besteht.
Normalerweise sind wir selten in Best Western Hotels, da wir auf einer Rundreise wegen der leichteren Zugänglichkeit Motels bevorzugen.
In Page haben wir uns wegen eines Supersonderangebotes für dieses Hotel entschieden.

11.5

Das „El Tapatio" gehört zu einer kleinen Kette von 5 mexikanischen Restaurants, die überwiegend in Colorado anzutreffen sind.
Hier können Sie einen Blick in die Speisekarte werfen:
http://www.eltapatio-restaurants.com/

12. Antelope Canyon und Lake Powell

Die Zeitumstellungen haben so ihre Tücken. Ich vertue mich mit der Zeit und stehe schon um 5 Uhr auf. Macht nichts, genieße ich eben den Sonnenaufgang. Zum ersten Mal in diesem Urlaub erlauben die Temperaturen gleich morgens das Tragen einer kurzen Hose (zumindest für mich, Jan hat ja scheinbar eine eingebaute Heizung und ist nicht auf die äußeren Temperaturen angewiesen). Als sich die anderen so langsam einfinden, streben wir in Richtung Frühstücksraum. Es dauert allerdings eine Weile, bis wir einen Platz für vier Personen ergattern können. Die Dame, die die Plätze anweist, ist mit ihrer Aufgabe ein wenig überfordert. Doch dafür ist das Frühstück exzellent. Es gibt einfach alles.

Wir sitzen schließlich an einem großen Tisch, den wir uns mit einem weiteren deutschen Ehepaar teilen. Die beiden erzählen uns, dass sie gestern den Antelope Canyon besichtigt haben. Da dies heute unser erstes Ziel ist, tauschen wir Erfahrungen aus und fragen vor allem nach Reservierungen. Die beiden sind gestern auf gut Glück hingefahren und es gab keine Probleme. Sie bekamen gleich in der nächsten Führung einen freien Platz zugewiesen. Danach geben wir den beiden noch ein paar Tipps für ihre weitere Reise, vor allem empfehlen wir die Wanderung im Capitol Reef.

Durch Page geht es in Richtung Antelope Canyon. Dabei sind wir erst einmal fasziniert vom S Lake Powell Blvd. Dies liegt nicht daran, dass die Straße so schön wäre, sondern dass hier Kirchen wie Perlen an der Schnur aufgereiht sind: First Baptist Church, Lake Powell Church of the Nazarene, First Assembly of God, Page Community United Methodist Church. Bei sieben hören wir auf zu zählen. Das sind ja fast mehr Kirchen als im berühmten „Bible Belt".

Pünktlich um 9.30 Uhr sind wir am Eingang zum Upper Antelope Canyon (12.1). Und um 10 Uhr können wir an einer Führung teilnehmen.
Die Antelope Canyons liegen in der Navajo-Nation-Reservation und sind nur mit geführten kostenpflichtigen Touren begehbar.
Zusätzlich zum „normalen" Eintrittspreis ist eine Gebühr für das Betreten der Reservation fällig. So zahlen wir erst einmal 8 $ pro Person, damit wir überhaupt an die Kasse dürfen. Danach sind nochmal 40 $ pro Person für den Canyon selbst fällig. Wir trösten uns damit, dass wir wenigstens gleich bei der nächsten Tour dabei sind. Stativ und Rucksäcke sind nicht erlaubt und müssen im Auto bleiben. Noch ein kurzer Abstecher auf die Toilette (auch wieder mit „Festivalqualität", eine olfaktorische Herausforderung wie schon im Monument Valley – sollte das an der Indianerreservation liegen?!), dann besteigen wir wohlgeordnet, wir werden einzeln aufgerufen, den umgebauten Geländewagen.
Der Fahrer heizt los, Staub umhüllt uns. Gut festhalten ist von Vorteil. 20 mph sind die Höchstgeschwindigkeit, unser Fahrer reizt diese voll aus. Unser Führer, Kyle, scheint aber ganz nett zu sein, er füllt die Fahrt, die länger ist, als wir sie in Erinnerung haben, mit Anekdoten. Als ihn einer aus unserer Gruppe von 12 Personen fragt, was die drei Schonsteine, die den Ort so hässlich überragen, sind, kommt die Antwort wie aus der Pistole geschossen: „a chocolate factory". Eine Erklärung für die Schornsteine fehlt leider, da ist der Witz nur halb so gut (es ist übrigens ein Kraftwerk).
Am Eingang angekommen, versinken wir in einer Masse Mensch. Gefühlte 10 Gruppen werden mehr oder weniger gleichzeitig mit einem Höchstabstand von gefühlten 2 Minuten in den Canyon eskortiert. Kyle versucht heldenhaft, uns die schönsten Perspektiven zu zeigen und uns die Zeit für ein paar Fotos zu verschaffen. Er bietet auch an, Fotos

mit unseren Kameras zu machen. Dabei stellt sich heraus, dass er ein Fotofreak ist und wohl die Bedienung jedes weltweit erhältlichen Modells beherrscht. Übrigens werden seine Fotos sehr schön. Er hat aber auch seine liebe Not mit Fizzi (ein älterer Herr, auf dessen Baseball Cap dieser Name aufgenäht ist), der uns ständig im Weg steht. Aber auch ohne ihn ist es kaum möglich, in Ruhe ein Foto zu machen. Ohne Menschen geht es sowieso nur nach oben. Zwischen den einzelnen Gruppen der geführten Touren werden noch zusätzlich ganze Reisegruppen Japaner durchgeschleust. Und die Menschen müssen den gleichen Weg hin und zurück nehmen, der Strom ergießt sich also nicht nur in eine Richtung, sondern kommt uns auch noch entgegen. Sie denken, ich klinge ein wenig genervt? Richtig, ich bin genervt. Es ist einfach zu voll.

Im Upper Antelope Canyon

Auch für Claus ist der Canyon keine wahre Freude. Er will seine neue Kamera ausreizen und wählt eine Einstellung, die hinterher für Doppelkonturen sorgt. Rund ¾ der Bilder sind bei späterer Durchsicht nur noch reif für den Papierkorb. Also: Nie eine gerade erst gekaufte Kamera ohne vorherige ausführliche Tests für „einmalige" Fotos verwenden

– oder dann doch besser mit den Automatikeinstellungen arbeiten ☺.
Die Zeit ist viel zu kurz, ehe wir uns versehen, sind wir schon aus dem Canyon heraus. Der Rückweg geht noch schneller, wir werden förmlich „durchgetrieben". Außerdem kommt uns noch eine „Photographer's Tour" entgegen. Diese armen Menschen haben auch noch eine Unsumme dafür bezahlt, dass sie ihre Stative mit hinein nehmen dürfen. Mehr Zeit haben sie aber auch nicht, und die Stative bilden ausgezeichnete Stolperfallen.
Irgendwie bin ich froh, als wir wieder im Geländewagen sitzen und zurück fahren (12.2).
Auf dem Rückweg machen wir einen Abstecher zum Glen Canyon Overlook. Von hier aus hat man einen guten Ausblick auf den Glen Canyon Dam. Es geht über ein paar Stufen ein Stück hinunter. Selbst von hier aus kann man beobachten, wie niedrig der Wasserstand im Colorado ist.

Glen Canyon Overlook

Wir gehen bei Safeway einkaufen und fahren zurück zum Hotel. Dort packen wir unsere Badesachen. In der Glen Canyon National Recreation Area (auch hier sorgt unser Annual Pass für „kostenfreien" Eintritt – national eben!) geht es zuerst zur Marina und weiter über den Lakeshore Drive zum Wasser. Jan trägt unsere Faltstühle. Die Strecke ist länger als früher, weil sich das Wasser weit zurückgezogen hat. Während Kathrin und Jan in die Fluten hüpfen, genießen Claus und ich die Aussicht und lassen uns in der Sonne braten. Wir beobachten Boote, die langsam vorbeitreiben und Hunde, die Bälle jagen. Ein oder zwei Jet Skis durchschneiden das Wasser. Jan schmeißt nach seinem Bad noch Steine ins Wasser und versucht (unbeabsichtigt!), Enten zu versenken. Die Zeit vergeht viel zu schnell. Auf der Picnic Area packen wir gegen Abend unseren Grill aus. Das Abendessen ist, kein Wunder bei der Aussicht, sehr stimmungsvoll. Einzig meine Stimmung ist ein wenig getrübt. Ich bin von irgendwelchen Insekten im Gesicht erwischt worden und schwelle so langsam zu. Gott sei Dank ist der Spuk aber am nächsten Tag wieder vorbei.

Wir setzen Jan danach im Hotel ab, er will noch die Muckibude benutzen (später beichtet er aber, dass er am TV hängengeblieben ist – eine Übertragung von American Football). Kathrin und wir machen derweil den Walmart unsicher. Wir sind auf der Jagd nach Souvenirs und erstehen Magnete und Kalender für die Lieben daheim.

An der Kasse erwartet uns ein Abenteuer der besonderen Art. Da die Schlangen an den Kassen relativ lang sind, entscheiden wir uns für den „Self-Checkout". Dort stehen mehrere Automaten einsam herum. Unser Automat führt uns gezielt durch die einzelnen Schritte, aber es dauert doch eine ganze Weile, bis wir ungeübten Touristen die unzähligen Alternativen erfasst, übersetzt und uns für die richtige entschieden haben.

Am Self-Checkout beim Walmart

Am Automaten neben uns blinkt hilfesuchend eine Lampe. Ha, identifiziert, der Mann hat Alkohol gekauft (!) und nun muss doch eine Verkäuferin kommen, um zu überprüfen, ob er schon das dafür erforderliche Alter erreicht hat.

Wir merken, dass man die Ware erst auf die Waage legen muss und sie nicht gleich in den Einkaufswagen verfrachten kann, sonst „blinkt" es auch wieder.

Man kann die ganze Prozedur auch auf Spanisch abrufen und dem Automaten mitteilen, wenn man seine eigene Einkaufstasche mitgebracht hat – dann wird das Gewicht entsprechend korrigiert.

Wir lernen: es geht auf diese Weise nicht schneller, vor allen Dingen nicht, wenn man seinen Vorrat an Bier aufstocken möchte.

Anmerkungen ☺😐☹

12.1

Der Antelope Canyon ist der meistbesuchte Slot Canyon im Südwesten der Vereinigten Staaten. Er teilt sich in den Upper Antelope Canyon und den Lower Antelope Canyon.
Da sich beide Canyons im Navajo-Reservat befinden, wird zusätzlich zur kostenpflichtigen Tour eine Gebühr für das Betreten des Reservats erhoben. Die Gebühr ist für beide Canyons gültig.
Die meiste Zeit über sind beide Canyonteile trocken und zugänglich. Ca. 3 – 11 x pro Jahr steht der Canyon unter Wasser. Wenn Regenfälle angekündigt sind (die Vorwarnzeit beträgt ca. 1 Std.), besteht für die Canyons auf Grund der Gefahr von Sturzfluten, sogenannten „flash floods", ein Zutrittsverbot. 1997 kamen bei einer solchen Sturzflut im Lower Antelope Canyon elf Touristen ums Leben. Seitdem sind die Vorwarnsysteme stark verbessert worden. Im Lower Canyon gibt es außerdem überall Strickleitern, die bei Bedarf herabgelassen werden können.

12.2

Wir haben erfahren, dass der Antelope Canyon wirklich der meistbesuchte Canyon des Südwestens ist. Kyle berichtet von Besucherzahlen von 3000 – 5000 Menschen pro Tag. Der Lower Canyon soll ein wenig leerer sein. Die Schlange, die wir auf dem Rückweg sehen, scheint aber eine andere Sprache zu sprechen.
Der Besuch dauert insgesamt 1,5 Std., davon entfallen 45 Minuten auf den Besuch im Canyon.
Der Canyon ist sicher wunderschön und mehr als sehenswert, aber in der Hauptsaison (in Europa ist jetzt die Zeit der Herbstferien) sollte man ihn wohl besser meiden.
Die Preise für eine Tour im Canyon variieren übrigens je nach Jahres- und Tageszeit zwischen 40 $ und 58 $ pro Person. Im Winter ist der Eintritt besonders günstig. Dies liegt daran, dass der Canyon zu dieser Jahreszeit wegen des niedrigen Sonnenstandes dunkler ist und die Formationen nicht „leuchten". Die berühmten „Beams", also die einfallenden Sonnenstrahlen, sieht man nur in den Sommermonaten, etwa von Anfang April bis Ende September, und auch dann nur um die Mittagszeit.

13. Horseshoe Bend und Toadstool Hoodoos

Vor dem Auschecken genießen wir noch einmal das hervorragende Frühstück im Hotel, danach laden wir unsere Koffer ins Auto. Wir werden zwar noch eine Nacht in Page bleiben, aber das Hotel ließ sich leider zu dem günstigen Preis nicht noch eine Nacht verlängern. So werden wir heute Abend direkt nebenan in einem anderen Hotel übernachten (13.1).

Unser Ziel ist der Horseshoe Bend, auch eine der Sehenswürdigkeiten in Page. Und dies merken wir ziemlich schnell. Vom Parkplatz aus wälzt sich eine Menschenmenge den kurzen Wanderweg hinauf. Eigentlich habe ich angesichts der vielen Menschen schon gar keine Lust mehr, aus dem Auto auszusteigen, aber dann lockt doch die herrliche Aussicht auf den Colorado.

Der Weg ist nicht sehr lang, aber recht steil. Es geht erst hinauf, dann wieder hinunter (zurück dann umgekehrt ☺+). Schilder weisen darauf hin, dass die ganze Strecke in der Sonne liegt und die Temperaturen, vor allem im Sommer, stark ansteigen können. Heute ist es glücklicherweise etwas bedeckt. Wir nehmen aber trotzdem Wasser mit.

Horseshoe Bend

Am Aussichtspunkt angekommen, finden wir fast keinen Platz, um einen ungestörten Blick auf den Colorado werfen zu können. Sogar ein Brautpaar tummelt sich mit seinen Gästen hier oben. Heute ist Freitag, das Wochenende nahe und so immer ein guter Anlass für Brautpaare, Bilder in der freien Natur zu machen. Wir haben schon zahlreiche Brautpaare an Wochenenden beobachtet. Besonders beliebt ist in der Nähe von Las Vegas das Valley of Fire.

Selfies beim Horseshoe Bend

Immer wieder erstaunlich finden wir die Tatsache, dass hier nichts abgesperrt ist, obwohl es ziemlich steil in die Tiefe geht. Aber in Amerika hat jeder das Recht, sich in Gefahr zu begeben. Einzig die überall herumstehenden Schilder appellieren an die Vernunft der Touristen – und entbinden die Betreiber von jeglicher Haftung. Wie hieß es so schön auf einem dieser Schilder: Your Safety is Your Responsibility!
Nach diesen Menschenmassen steht uns der Sinn nach ein wenig Einsamkeit. Wir entscheiden uns spontan zu einem Abstecher zu den Toadstool Hoodoos (13.2).
Da wir nicht genau wissen, wo sie liegen (wie gesagt, wir haben uns spontan entschieden), fahren wir das Visitor Center

des Grand Staircase-Escalante NM an (13.3), welches sich an der Route 89 nordwestlich von Page befindet. Dort gibt es neben einer sehenswerten Ausstellung über Dinosaurierfunde in der Gegend auch das entsprechende Kartenmaterial und weitere wichtige Informationen. Ohne Mühe finden wir den Parkplatz, an dem der Wanderweg beginnt. Neben uns parkt ein Wohnmobil älterer Bauart aus Deutschland. Die Besitzer, ein junges Ehepaar mit einem Kleinkind, wollen in diesem Gefährt mehrere Monate die USA erkunden und dann weiter nach Südamerika. Wir können den Mut nur bewundern, sich mit einer so alten Kiste auf eine solche Reise zu wagen.

Wir nehmen aber jetzt erst einmal den Trail zu den Hoodoos in Angriff. An geschichteten Felsformationen vorbei geht es auf einem ganz gut erkennbaren Weg in die Natur hinein. Der ausgetrocknete Boden ist ein deutliches Zeichen dafür, dass es hier schon länger nicht mehr geregnet hat. Trotzdem behaupten sich hartnäckig ein paar kleine gelbe Blumen, die wir schon auf der Cottonwood Canyon Road bewundert haben.

Toadstool Hoodoos

Schließlich, nachdem wir noch kurz durch ein ausgetrocknetes Bachbett klettern müssen, erreichen wir die Hoodoos. Aus der Ferne wirken sie ein wenig wie Menschen, die in einen Umhang gekleidet sind und einen Hut auf dem Kopf haben.

Aus allen Blickwinkeln kann man sie begutachten. Wohin man auch blickt, es sieht wieder anders aus und man kann stets neue Formationen entdecken. Eine Wunderwelt aus Stein, die uns sehr gut gefällt und zum Klettern einlädt.

Wir reißen uns los und fahren zum Lake Powell zurück. Da uns das gestrige Grillen so gut gefallen hat, werden wir es heute wiederholen. Den Grillplatz kennen wir schon. Während unsere Würstchen auf dem Grill schmoren, beobachten wir die Boote auf dem Lake und werden unsererseits von einem kleinen Hasen beobachtet, der sich hier an den Resten von Gras gütlich tut. Er ist überhaupt nicht scheu, man muss ihm schon direkt auf die Pelle rücken, damit er ein paar Hüpfer weg macht.

Als die Sonne untergegangen ist, wird es merklich kühler und wir verlassen diesen gastfreundlichen Ort am See. Es geht wieder hinein nach Page und an unserem Hotel von gestern vorbei ein Haus weiter zum Page Boy Motel. Das Hotel ist atriumförmig gebaut, man betritt die Zimmer von der Parkplatzseite, nach innen sind die Fenster auf einen Innenhof mit Pool ausgerichtet, in dem man nett sitzen oder in den Pool springen kann. Die Anlage ist sauber und einladend, auch wenn die Zimmer vielleicht nicht allzu groß sind. Wir sitzen am Abend noch gemütlich auf „unserer" Terrasse und lassen den Tag ausklingen. Unser Fazit zu Page ist, dass wir hier länger verbracht haben, als die Attraktionen rechtfertigen würden. Meine Planung hatte eigentlich noch einen ganzen Tag für einen Ausflug zur Rainbow Bridge vorgesehen, aber die Preise haben uns einen Strich durch die Rechnung gemacht (17.1). Doch wir wollen die Stunden am Strand der Wahweap Marina und das abendliche Grillen auch nicht missen.

Anmerkungen ☺😐☹

13.1

Der Preis für das Best Western hätte sich in der dritten Nacht auf das Doppelte belaufen und das waren wir nicht bereit zu bezahlen. Das andere Hotel in Page, welches ich eigentlich von vornherein buchen wollte, weil wir es von einem vorherigen Besuch kannten und weil es uns so gut dort gefallen hatte, ist wesentlich kleiner und war leider in unserer ersten Nacht ausgebucht. So ziehen wir eben einfach um die Ecke.

13.2

Diese Seiten geben einen guten Überblick über die Hoodoos und den Wanderweg dorthin. Außerdem finden Sie reichlich Fotos dieser besonderen Felsformationen:

http://www.canyon-trails.de/rimrocks.htm
http://www.ushikes.com/htm_hikes_toadstool.htm
http://www.scenicusa.net/040510.html

13.3

Das Grand Staircase-Escalante National Monument ist ein riesiges Naturschutzgebiet. Es wurde 1996 durch Präsident Bill Clinton eingesetzt und wird als erstes National Monument durch das Bureau of Land Management (BLM) verwaltet. Näheres erfahren Sie auf den folgenden Seiten:

https://de.wikipedia.org/wiki/Grand_Staircase-Escalante_National_Monument

https://www.blm.gov/programs/national-conservation-lands/national-monuments/utah

14. Fahrt zum Zion National Park

Beim Frühstück lernen Kathrin und Jan heute endlich die Handhabung eines „Waffle Makers" kennen. Seine Verbreitung hat in den letzten Jahren zugenommen, da er ein Frühstücksbuffet auf relativ einfache Art und Weise zu einem sogenannten „hot breakfast" aufwertet. Eigentlich ist es ganz einfach, doch ich bin immer wieder erstaunt, wie viele Touristen sich mit dem Umgang schwer tun. Nicht so Jan und so gibt es heute frische Waffeln satt.

Ein typischer Waffle Maker mit Teigspender

Um 8.30 Uhr machen wir uns auf den Weg. Wir verlassen Page Richtung Süden auf der Route 89 nach Bitter Springs. Die Straße führt durch eine Felsspalte und geht dann steil bergab. An einer Ausbuchtung mit Blick ins Tal halten wir an. Diesmal ist es aber nicht der Ausblick, der für unseren Stopp verantwortlich ist, sondern zahlreiche Verkaufsstände von Indianern.

Vor einigen Jahren habe ich mal einen Ranger hier aus der Gegend gefragt, wo man guten, d. h. authentischen und preisgünstigen Schmuck kaufen kann und er hat mir diese

Stelle empfohlen. Er meinte, dass die Indianer hier selbst darauf achten, dass der Schmuck gut ist. Außerdem finden regelmäßige Wechsel der Aussteller statt, so dass jeder mal seine Waren ausstellen kann. Ich war mir nicht mehr so sicher, ob diese positive Bewertung heute noch gültig ist, aber es stellt sich schnell heraus, dass man hier wirklich außergewöhnliche Stücke zu angemessenen Preisen bekommen kann. Hier finden sich auch keine Schilder, die eine 50%ige Reduzierung anbieten und dabei aus unserer Erfahrung trotzdem genauso teuer sind wie vergleichbare Teile. Ich erstehe einen sehr schönen Anhänger und bekomme zu meiner Überraschung von Kathrin einen Ring geschenkt als Dankeschön für die Mühen meiner Planung. Kathrin kauft endlich ihre ersehnten Ohrringe und sogar Jan entscheidet sich für einen Anhänger in Form einer Schildkröte an einem Lederband, der ihn an diesen Urlaub erinnern soll. Das bargeldlose Bezahlen funktioniert übrigens auch hier, mitten in der Pampa. Beim Aussuchen – die Auswahl fällt uns wegen der vielen schönen Stücke nicht leicht – kommen wir mit der Indianerin ins Gespräch. Als wir erwähnen, dass wir die Cottonwood Canyon Road gefahren sind, erzählt sie uns, dass sie vor ein paar Jahren auf dieser Strecke steckengeblieben ist. In Bitter Springs biegen wir auf die Route 89a ab. Unser nächster Halt ist der Marble Canyon und die sich darüber spannende historische Navajo Bridge (14.1), die man von der daneben liegenden neuen Brücke aus betrachten kann. Der Bau der alten Brücke begann 1927 und war 1929 beendet. Sie ist 254 m lang und hat eine Höhe von 142 m. Die neue Brücke wurde 1995 eingeweiht, nachdem ihr Bau wegen des hohen Verkehrsaufkommens unausweichlich geworden war. Die originale Navajo Bridge ist heute für Fußgänger geöffnet und ist im National Register of Historic Places eingetragen. Am westlichen Ende befindet sich ein beeindruckendes Visitor Center.

Natürlich müssen wir über die Brücke laufen. Der Ausblick auf den Marble Canyon ist großartig.

Blick auf die beiden Brücken über den Marble Canyon, links die historische Brücke

Doch nicht nur die Brücken fesseln unsere Aufmerksamkeit, wir haben auch das Glück, einen Kalifornischen Kondor (14.2) zu sehen.

Kalifornischer Kondor am Marble Canyon

Er sitzt auf den unteren Verstrebungen und schaut interessiert in die Gegend. Am Ende der Brücke haben sich Fotografen mit riesigen Teleobjektiven eingefunden, um ihn zu beobachten. Sie warten darauf, ein Bild im Flug von diesem seltenen Vogel machen zu können.
Während Kathrin und ich uns ein wenig im Visitor Center umsehen, gelingt es Jan mit seinem Handy ein Flugfoto zu machen. Er ist mächtig stolz drauf und wird sogar von den Fotografen bewundert.

Suchbild - Kalifornischer Kondor im Flug

Von der Navajo Bridge geht es über den sogenannten Honeymoon Trail zu Lee's Ferry (14.3). Mormonische Siedler zogen auf diesem Trail in Richtung St. George, um im dortigen Tempel zu heiraten. Zurückblickend kommen uns die wackeligen Planwagen in den Sinn, die wir in Bluff gesehen haben, und wir bewundern den Mut der Siedler, sich mit diesen Wagen in die Wildnis zu wagen. Unser Weg führt an malerischen Felswänden vorbei, vor denen einzelne Formationen in den Himmel ragen. Wir lassen uns diese Gelegenheit für ein Foto nicht entgehen.

Lee's Ferry ist heute eine kleine Siedlung mit einem sehr schönen Campground, der auf den Colorado herabschaut. Man kann direkt an das Ufer des Flusses gelangen und die Stromschnellen aus nächster Nähe beobachten. Wir bummeln ein wenig am Fluss entlang und halten die Füße ins Wasser. Es ist ziemlich kalt. Und dann haben wir noch Glück, wir können ein paar Rafter beobachten, die an uns vorbeitreiben. Sie haben ihre liebe Mühe mit den Stromschnellen des Flusses. Vom Ufer sieht es wohl wesentlich ruhiger aus, als es in Wirklichkeit ist, wenn man auf dem Fluss treibt. Zeugnis für die Kraft des Wassers legen auch die Felsen und die Holzstücke ab, die sich am Ufer angelagert haben.

Rafter bei Lee's Ferry

Unser Weg führt zurück zur Route 89a und an den Vermilion Cliffs vorbei. Wir passieren weitere Felsformationen, zwischen denen sich indianische Verkaufsstände im Schatten drängen, und die Cliff Dwellers Lodge.
Langsam steigt die Straße an. Sie windet sich in Serpentinen auf das Hochplateau. Rings um uns herum wächst nun wieder Wald. Endlich erreichen wir Jacob Lake und machen eine kleine Pause. Von hier aus führt eine Stichstraße zum

Nordrand des Grand Canyon. Es sind noch 45 Meilen bis dahin. Leider bleibt uns für einen Besuch keine Zeit. Vielleicht zu einer anderen Zeit und auf einer anderen Reise.
Nach fünf Stunden erreichen wir Fredonia. Dort tanken wir und wollen einen Kaffee kaufen. Die Tankstelle, die wir uns aussuchen, ist eine Sehenswürdigkeit für sich. Es werden neben Benzin noch Lotto, Guns and Ammo (Ammunition = Munition) angeboten, ebenso wie Bier, ein sicheres Zeichen, dass wir uns nicht mehr in Utah befinden. Der Mann, der hinter der Theke steht, sieht aus wie aus einem Italo-Western der 90er Jahre des letzten Jahrtausends. Leider hat sein Kaffee auch die Qualität, als stamme er aus dieser Zeit, er hat entschieden zu lange auf der Kochplatte geköchelt.
Die 89 führt uns weiter über Kanab nach Mount Carmel Junction. Hier biegen wir in den Zion National Park ab (14.4).

Die Checkerboard Mesa im Zion National Park

Kurz nachdem wir das Eingangsschild passiert haben, merken wir anhand des roten Straßenbelags, dass wir uns im Park befinden. Als erstes erreichen wir die sogenannte Checkerboard Mesa, einen 2033 m hohen Berg, der den Park im Osten begrenzt. Er besteht aus Navajo Sandstein und ist extrem porös und daher der Erosion besonders ausgesetzt.

Seinen Namen hat er von seiner Maserung erhalten, denn er wird von senkrechten und waagerechten Furchen durchzogen, die eine Art „Schachbrett" bilden.
Es ist schon später Nachmittag und die Sonne liegt schräg auf den Felsen, die rot aufleuchten. Wir erreichen den Tunnel, der sich mitten im Park befindet. Ein wenig müssen wir warten, bevor die Ampel auf Grün schaltet. Da er in der Mitte nur eine begrenzte Höhe hat, müssen Wohnmobile einspurig durch den Tunnel geführt werden. Wir können uns noch an die Zeit erinnern, als man durch eine Eisenstange untendurch fahren musste, um die Höhe zu klären. Die Straße windet sich den Berg hinunter ins Tal. Der Zion ist auch deshalb so einzigartig, weil man hier am Boden des Canyons entlangfährt, anders als z. B. im Grand Canyon, wo man von oben in den Canyon hinunterschaut. Manchmal erzählen die Ranger deshalb auch vom „Zion-Feeling".
Wir bewundern die steil aufragenden Felswände, die leider wegen des niedrigen Sonnenstandes nicht mehr alle in der Sonne liegen. Schließlich erreichen wir die kleine Brücke, die den Pine Creek überspannt. Weil man hier einen so schönen Blick hat, haben sich viele Fotografen gesammelt, die auf den Sonnenuntergang warten. Dann sollen sich die Spitzen der Berge auf unnachahmliche Art färben.
Unten am Creek macht wieder mal ein Paar Hochzeitsfotos. Warum man dazu aber in den Schatten gehen muss, erschließt sich uns nicht. Als das Tal wieder etwas weiter wird, begleiten uns gelbe Blumen am Wegesrand.
Der kleine Ort Springdale markiert die westliche Grenze des Parks. In der Hochsaison fahren von hier aus Pendelbusse. Der ganze Ort ist stark touristisch und besteht fast ausschließlich aus Hotels und diversen Boutiquen.
Wir folgen dem Lauf des Virgin River bis nach Hurricane. Eine alte Trading Post am Wegesrand erfordert noch einmal einen kurzen Halt. Die windschiefen Häuser, Nachbildungen

einer alten Siedlung, sind bunt angestrichen und sehen sehr hübsch aus.

Virgin River Trading Post bei Springdale

Hinter Hurricane erreichen wir die Interstate 15 und fahren nach St. George. Auf meinen besonderen Wunsch hin soll das Abendessen heute in einem Cracker Barrel (14.5) stattfinden. Dabei handelt es sich um eine Restaurantkette, die sich selbst als „Old Country Store" bezeichnet. Neben einem typischen Essen gibt es im Eingangsbereich einen Store, in dem saisonale Dekorationsartikel angeboten werden. Besonders gerne mag ich die großen Taschen, die immer wieder neue Motive haben und sich hervorragend als Souvenirs eignen. Neben T-Shirts, Tassen, Süßigkeiten und Spielwaren ist der Laden für mich auch eine Quelle für CDs mit Country Musik.
Vor dem Laden stehen üblicherweise Schaukelstühle, in denen man sich die Wartezeit bei einem Brettspiel vertreiben kann. Man kann diese aber auch käuflich erwerben.
Nach einem kurzen Rundgang durch den Shop und einem kleinen Einkauf bekommen wir unseren Tisch zugewiesen. Die Bedienung ist sehr freundlich und wartet geduldig, bis wir aus der Speisekarte schlau geworden sind. Sie fragt nur

freundlich: „Are you closer?", als sie zum dritten Mal kommen muss. Kathrin hat Lust auf Gemüse. Claus und ich bekommen leider nicht schnell genug mit, was sie bestellt und so können wir nicht verhindern, dass sie nur einen großen Teller Beilagen bekommt. Zudem ist das Gemüse auch nicht so besonders. Wir können uns den Kochvorgang lebhaft vorstellen: Tüte aus der Gefriertruhe, Gemüse einmal aufkochen – fertig. Leckeres Gemüse geht anders.
Früher gab es Cracker Barrel Restaurants übrigens nicht in Nevada, da dieses als „gottlos" galt. Erst seit letztem Jahr gibt es zwei Restaurants der Kette in Las Vegas.
Über die Interstate geht es nur noch eine knappe Stunde weiter nach Mesquite. Wir hätten heute auch noch bis Las Vegas weiterfahren können, da es aber Samstag ist und die Hotelzimmer dann Höchstpreise ausweisen, haben wir uns für eine Übernachtung im Virgin River Casino in Mesquite entschieden. Zimmer beziehen, noch einen Sprung in den Hot Tub in der Pool Area, dann ist auch dieser Tag zu Ende.

Anmerkungen ☺😐☹

14.1

https://www.nps.gov/glca/learn/historyculture/navajobridge.htm
https://en.wikipedia.org/wiki/Navajo_Bridge

National Register of Historic Places:
https://www.nps.gov/Nr/

14.2

Der Kalifornische Kondor ist die zweitgrößte Art aus der Familie der Neuweltgeier. Er ist im Südwesten der USA heimisch. Infolge aktiver Bejagung und Vergiftung durch Pestizide wie DDT nahm sein Bestand insbesondere in der ersten Hälfte des 20. Jahrhunderts dramatisch ab. Von 1987 bis 1992 galt er in freier Wildbahn als ausgestorben.
Im Jahr 1987, als der letzte frei fliegende Kondor eingefangen wurde, lebten nur noch 27 Individuen. Da sie sich jedoch in Gefangenschaft gut vermehrten, wurden ab 1992 im größten Erhaltungszucht-Programm der Vereinigten Staaten wiederholt Tiere in die Freiheit entlassen. Sie kommen jetzt an vier Auswilderungsorten vor. 2014 gab es bereits wieder 219 in Freiheit lebende Tiere.

https://de.wikipedia.org/wiki/Kalifornischer_Kondor
https://weltreisender.net/der-kondor-ist-wieder-da-9418/

14.3

http://www.wchsutah.org/roads/honeymoon-trail.php

https://www.nps.gov/glca/planyourvisit/lees-ferry.htm
http://www.desertusa.com/colorado/leeferry/du_leeferry.html

Vom Glen Canyon Dam flussabwärts liegt die kleine historische Siedlung Lee's Ferry. Lee's Ferry wurde nach dem Mormonen John D. Lee benannt, der an dieser Stelle den ersten Übergang über den Colorado einrichtete. Vor dem Bau der Navajo-Brücke war dies auf einer Länge von 280 Meilen die einzige Möglichkeit, den Fluss zu überqueren.

14.4

Der Zion-Nationalpark hat eine Fläche von 579 km² und liegt zwischen 1128 m und 2660 m Höhe. 1919 wurde das Gebiet zum Nationalpark ernannt. 1937 wurde der Park um den Kolob Canyon erweitert.
Zion ist ein altes hebräisches Wort und bedeutet so viel wie Zufluchtsort oder Heiligtum, das oft von den mormonischen Siedlern in Utah benutzt wurde. Innerhalb des Parks befindet sich eine schluchtenreiche Landschaft mit zahlreichen Canyons, von denen der Zion Canyon und der Kolob Canyon die bekanntesten sind. Die Canyons sind aus 170 Millionen Jahre altem braunen bis orangeroten Sandstein der Navajo-Formation entstanden. Durch seine besondere geografische Lage existiert im Park eine Vielzahl an unterschiedlichen Lebensräumen mit vielen verschiedenen Pflanzen und Tieren.

https://www.nps.gov/zion/index.htm
https://de.wikipedia.org/wiki/Zion-Nationalpark

14.5

https://www.crackerbarrel.com/
https://en.wikipedia.org/wiki/Cracker_Barrel

15. Las Vegas

Wir lassen es heute ganz ruhig angehen, denn vor uns liegt nur die Fahrt nach Las Vegas.
Zuerst einmal genießen wir ausgiebig das Frühstücksbuffet. Die Omeletts „cooked to order" sind besonders lecker und auch die Pancakes sind ausgezeichnet. Nach dem Auschecken entdecken wir auf dem Parkplatz in einem Autofenster noch ein Schild, welches uns ein wenig schockiert (man kann halt nicht in die Zukunft schauen!). Da haben wir wohl einen der Trump-Wähler vor uns, die es ja eigentlich gar nicht geben soll.

Ohne Worte

Wieder über die Interstate 15 geht es Richtung Süden. Der Wind bläst ganz schön und treibt Sand über die Fahrbahn. Teilweise scheinen die Trucks auf der Gegenfahrbahn im Sand zu verschwinden.
Ein kurzer Stopp noch an einem Smoke Shop in der Moapa Indian Reservation. Kathrin entdeckt hier Ohrringe, die sie schon einmal so ähnlich gesehen hat, zum gleichen Preis und auch 50 % reduziert. Wir sind uns aber einig, dass der

Schmuck in der Nähe von Bitter Springs am schönsten und außergewöhnlichsten war. Und das bei günstigen Preisen.
Wir erreichen Las Vegas. Das erste weithin sichtbare Zeichen dafür ist der Stratosphere Tower. Es klart auf, der Sandsturm legt sich und wir können oben auf dem Turm sogar die Fahrgeschäfte klar erkennen.

Die Fahrgeschäfte auf dem Stratosphere Tower

Unsere Rundfahrt ist zu Ende, aber unser Urlaub noch lange nicht. Für die letzte Woche haben wir uns ein Haus gemietet (15.1). Es geht also zu der angegebenen Adresse. Das Haus liegt südlich des Flughafens und ist gut erreichbar. Es ist mit einer elektrischen Schließanlage gesichert und wir haben bei der Buchung den Zugangscode erhalten. Die erste Tür lässt sich spielend öffnen, die zweite leistet Widerstand. Erst nach ein paar Versuchen gibt sie auf und lässt sich öffnen.
Die Neugier treibt uns hinein. Und was soll ich sagen, wir sind total begeistert. Drei Schlafzimmer, zwei Bäder, eine voll eingerichtete Küche, ein Wohnzimmer und ein Spielzimmer mit einem Pokertisch, welches unter der Aufsicht von lebensgroßen Pappfiguren von John Wayne, Elvis und Frank

Sinatra steht, erwarten uns. Was uns aber wirklich aus den Socken haut, ist der Garten: ein großer Pool, ein Hot Tub, ein großer Grill und – ein Putting Green.
Es ist alles blitzsauber, nur im Pool schwimmen ein paar Blätter, die wohl der morgendliche Sturm hineingeweht hat. Während unsere Männer die Koffer ins Haus tragen, inspizieren Kathrin und ich die Küche. Es ist alles vorhanden. Im Kühlschrank und im Vorratsschrank sind sogar noch ein paar nicht angebrochene Lebensmittel vom Vormieter. Wir ergänzen unsere Einkaufsliste und entsorgen ein paar angebrochene Teile. Schnell die Zimmer beziehen, dann geht es erst einmal in den Pool. Jan geht mit dem Poolsauger Gassi und entfernt die herumschwimmenden Blätter. Wir anderen genießen nur die Sonne und das warme Wasser. Nach dem erfrischenden Bad machen wir uns auf zu einem Walmart.
Dort verlieren wir uns in der Halloweenabteilung. Jan wird es zu langweilig, er macht sich schon einmal auf die Suche nach Grillfleisch, dem eigentlichen Grund für unseren Besuch. Kathrin und ich gehen auf die Suche nach einem Bacon Brater für die Mikrowelle. Damit kann man Bacon schön kross zubereiten und das überschüssige Fett läuft in den Rillen perfekt ab. Diesmal (nach mehreren erfolglosen Versuchen in diversen Walmarts) werden wir fündig. Man muss nur die richtige Abteilung finden, nämlich bei den Elektrogeräten und dort neben den Mikrowellen.
Als wir, mit Grillfleisch und unserer sonstigen Beute beladen, wieder den Ausgang finden, ist es schon dunkel. Jan meutert: „Sie haben gesagt, wir gehen nur schnell Grillfleisch holen. Sie haben gesagt, es dauert nicht lange. Und jetzt ist es dunkel und ich weiß nicht mehr, wie spät es ist und welches Jahr wir haben!"
So kann es einem ergehen, wenn man einen Walmart betritt.

Es ist aber immer noch schön warm. Wir fahren zurück zum Haus. Hier wartet eine ungeplante Komplikation auf uns – wir kommen nicht hinein. Die äußere Tür lässt sich problemlos öffnen, aber die innere geht einfach nicht auf und widersetzt sich allen Bemühungen. Aber zum Glück gibt es hilfsbereite Nachbarn. Offensichtlich hat der Herr gegenüber unsere verzweifelten Bemühungen bemerkt und eilt herbei, um uns zu helfen. Wir erklären unser Problem und siehe da, er kann uns helfen. Offensichtlich ist er mit dem Eigentümer gut bekannt und hat einen Generalcode, mit dem sich die Tür einfach öffnen lässt. Er gibt uns den Hinweis, in Zukunft das Haus durch die Garage zu verlassen und zu betreten. Der Garagentoröffner funktioniere immer (wir folgen zukünftig seinem Rat und haben keine Probleme mehr). Jan darf endlich grillen und wir stöbern ein wenig auf den Internetseiten über die aktuellen Events in der Stadt. Die Stones und Keith Urban geben Konzerte diese Woche. Da könnten wir doch hin, oder? Schauen wir mal nach Karten für die Stones. Günstig – ab 500 $ aufwärts. Na toll. Keith Urban? Ab 65 $, aber das sind Plätze hinter der Bühne. Verschieben wir die Entscheidung. Morgen ist auch noch ein Tag.

Der Garten mit Pool und Hot Tub

Die Sonne scheint, es ist warm, was liegt da näher, als den Tag mit einem Sprung in den Pool zu beginnen. Wir genießen es, dass wir zu jeder Tages- und Nachtzeit in das kühle Nass hüpfen können – direkt aus dem Schlafzimmer heraus (15.2).
Frühstück im Garten in der Sonne hat was! Wir genießen und machen ein paar Pläne für die weitere Woche. Was darf es denn sein? Ein Ausflug ins Valley of Fire, Death Valley oder Mount Charleston, doch das Konzert von Keith Urban oder lieber eine Show? Und wenn ja, welche? Eine Bootsfahrt auf dem Colorado wäre auch ganz nett, oder doch lieber auf dem Lake Mead? Ein Besuch im Hofbräuhaus (doch eher nicht!) oder statt abendlichem Grillen der Besuch eines Buffets. Und Einkaufen wollen wir auch noch, schließlich hat die Stadt jede Menge Outlet Malls. Mal sehen, was wir so unterbringen.
Wir entscheiden uns zuerst einmal für das Konzert von Keith Urban (15.3). Wir versuchen, im Internet Karten zu kaufen, da wir diese aber nicht ausdrucken können, entschließen wir uns für einen späteren Abstecher zum Box Office der T-Mobile Arena, wo das Konzert stattfinden soll.
Zuerst geht es heute aber zum Town Square Las Vegas (15.4). Dies ist eine Shopping Mall am südlichen Strip schräg gegenüber vom Flughafen. Neben einer großen Auswahl an Geschäften wie z. B. Abercrombie & Fitch, Bath & Body Works, Banana Republic oder Clarks befindet sich hier auch ein Kiosk der Tix4Tonight (15.5). Die Show Mystère ist heute um 50 % reduziert. Da wir eine Show des Cirque de Soleil sehen wollten (es gibt zahlreiche in Las Vegas), kaufen wir deshalb Karten. Damit verbunden ist auch ein Sonderangebot für das Buffet (18 $ statt 30 $) im Treasure Island. Das klingt doch nach einer runden Sache. Auch die Tickets für den Eiffel Tower sind reduziert, sie kosten 10 $ pro Person und gelten heute und morgen. Gekauft! Es schließt sich noch ein kleiner Einkaufsbummel an. Leider gefallen uns die

Sachen bei Abercrombie & Fitch nicht so recht, aber Kathrin wird bei Hollister fündig. Bath & Body Works ist immer einen Besuch wert. Dumm ist nur, dass Shampoos und Body Lotions schwer sind, zu schwer für unsere Koffer.

Tix4Tonight Kiosk in der Town Square Mall

Es geht auf die Suche nach der T-Mobile Arena (15.6). Diese ist erst im April 2016 eröffnet worden und fasst bis zu 20.000 Besucher. Sie befindet sich am südlichen Strip quasi hinter dem Hotel New York New York. Die Halle ist so neu, dass die Zufahrtsstraße, Arena Drive, auf unserem Navi noch nicht angezeigt wird. Wir finden trotzdem den Eingang zum Parkhaus und suchen das Box Office. Dort haben wir erstaunlicherweise eine viel größere Auswahl als im Internet und die Karten sind zudem, kaum zu glauben, billiger. Wir zahlen 50 $ für einen Platz, der im Internet 80 $ gekostet hätte (plus aller möglichen Servicegebühren!).
Der Pool lockt und wir fahren zurück zum Haus, plantschen eine Runde und ziehen uns um. So warm es auch in Las Vegas ist, eine Jacke und lange Hosen für den Besuch einer Abendveranstaltung sind aus unserer Sicht unverzichtbar. Warum die Amerikaner ihre Lokalitäten immer so herunterkühlen müssen, entzieht sich unserer Kenntnis, Fakt ist nur,

dass man nirgends so schön frieren kann wie bei einer Veranstaltung in Las Vegas.

Da wir seit dem Frühstück nichts mehr gegessen haben, haben wir entsprechend Appetit auf das Buffet. Dieses ist sehr gut und vielfältig. Wir lassen uns Zeit und probieren uns durch alle Abteilungen.

Besonders interessant finden wir die Abteilung „German Specialty". Dort finden sich Cheddar Ale Soup (?), Bavarian Bockwurst (?), Meatballs, warm-spiced apples und Frankfurter (ah, endlich etwas, was uns bekannt vorkommt).

Dazu gibt es eine Getränkebar zur freien Auswahl. Alles, was das Herz begehrt.

Danach geht es in den Showroom für Mystère. Obwohl die Show eine der ältesten in der Stadt ist, begeistert sie uns total. Die Vorführungen sind akrobatische Höchstleistungen, die Ausstattung ist fantasievoll bunt und lustig. Die 90 Minuten vergehen wie im Flug.

Nach der Show bummeln wir noch über den Strip. Das Hotel Treasure Island, heute kurz „TI" genannt, hat sich in den letzten Jahren immer wieder stark verändert. Stand vor einigen Jahren noch ein überdimensionaler Piratenschädel davor und gab es kostenlose Seeschlachten vor dem Hotel zu bestaunen, so sind heute nur noch Reste davon in Form beleuchteter Schiffe zu bewundern. Auch der Piratenkopf ist nur noch im Neon Museum zu bewundern und von einem schlichten Logo abgelöst. Ein wenig finde ich diese Entwicklung schade.

An einem Vons vorbei geht es wieder nach Hause. Als wir vor dem Geschäft stehen, ist meine „Reisegruppe" der Meinung, gar nicht erst aussteigen zu müssen, der Laden sehe zu aus. Ich steige trotzdem aus und marschiere hinein – hier ist nämlich 24 Std. am Tag auf und das sieben Tage die Woche (das entsprechende Kürzel lautet 24/7). Wir kaufen noch ein paar Sachen zum Frühstück, z. B. Milch und Bagels.

Wieder wartet ein neuer Tag auf uns und wieder scheint die Sonne, was natürlich nach einem Hüpfer in den Pool noch vor dem Frühstück schreit.
Danach sind wir gestärkt, um uns auf die große Shopping Tour zu begeben.
Erstes Ziel ist der Bass Pro Shop (15.7) beim Hotel Silverton am südlichen Ende des Strips.
Hier findet Mann/Frau alles, aber auch wirklich alles, was man für das Leben in der freien Natur so braucht. Das Angebot reicht von Wanderschuhen über entsprechende Bekleidung, von Campingausstattungen inklusive Zelt, Pfannen, Rucksäcken und Campingkochern bis hin zu allem, was man so für die Jagd braucht (ehe Sie fragen: ja, auch Schusswaffen!). Auch Ernährung für den Wanderer lässt sich finden. Vor dem Geschäft kann man sich riesige Boote ansehen, die später sicher ihren Platz auf dem Lake Mead finden.

Im Bass Pro Shop

Der Laden ist riesig. Er hat aber nicht nur ein umfangreiches Angebot, er ist auch entsprechend dekoriert. Da schauen ausgestopfte Giraffen bei den Faltstühlen vorbei, Löwen lauern neben den Schusswaffen und hinten in der Anglerab-

teilung ist ein großes Aquarium am Übergang zum Hotel Silverton. Dort kann man zu bestimmten Zeiten das Füttern der Rochen durch Taucher beobachten. Wir sind heute auf der Suche nach einer neuen Jeans für Claus. Die gibt es hier in großer Auswahl und verschiedenen Farben zu günstigen Preisen. Für mich verirrt sich noch eine Strickjacke für den Winter in Deutschland in den Einkaufskorb.
Kathrin und Jan wollen ihr Glück lieber in einem „Ross" (15.8) versuchen. Diese Kette findet man auch über die USA verteilt in vielen Städten. Der Werbeslogan „dress for less" (etwa: Anziehen für wenig Geld) beschreibt gut, was man hier hauptsächlich findet. Manchmal kann man hier gute Schnäppchen machen, denn es werden auch Markenklamotten von angesagten Designern angeboten, die nicht mehr ganz aktuell sind (worunter die Qualität aber nicht leidet!). Kleinere Abteilungen sind „Kitchen & Dining", „Tech & Travel" oder „Toys". Für uns ist das Geschäft immer eine gute Quelle, wenn wir auf dem Rückflug mal wieder einen zusätzlichen Koffer brauchen. Aber man braucht schon ein wenig Glück bei der Suche. Wir werden heute nicht fündig. Ein wenig enttäuscht brauchen wir eine Pause vom Kaufrausch. Da am späten Nachmittag das Licht für Fotografen besser ist, entscheiden wir uns, auf den Eiffel Tower zu fahren. Wir parken im Hotel „Paris" und holen uns die Karten mit dem Gutschein von Tix4Tonight an der Kasse ab.
Bevor wir den Fahrstuhl betreten dürfen, können wir uns fotografieren lassen. Die Fotos sind dann fertig, wenn man wieder herunterkommt, und warten auf den geneigten Käufer (wir sind erst nicht geneigt, aber dann gefallen uns die Bilder so gut und sie sind eine schöne Erinnerung, also kaufen wir sie doch).
Die Fahrt nach oben geht schnell. Der Rundblick ist einfach genial. Man kann in alle Richtungen blicken und Las Vegas aus der Luft in aller Ruhe erkunden. Nebenan steht auch das

neue Riesenrad „The Linq". Damit sind wir auch schon gefahren, aber ich war nicht so begeistert davon. Die Fahrt dauert knapp 45 Minuten, wovon man aber gut die Hälfte der Zeit, nämlich wenn die Gondel auf- bzw. absteigt, hinter dem Hotel ist und so gut wie gar nichts vom Strip sieht.
Ganz anders von hier oben. Im Norden die Downtown, im Süden der Flughafen, westlich liegen das Caesar's Palace und das Bellagio mit den Fontänen, die man von oben beobachten kann (die passende Musik dazu wird heute im Unterschied zu früheren Besuchen leider nicht über Lautsprecher eingespielt).

Blick vom Eiffel Tower Richtung Nordwesten

Wir orientieren uns und suchen Anhaltspunkte. Wo ist z. B. der Boulder Highway. Dort haben wir ja in unserer ersten Nacht in der Eastside Cannery übernachtet. Nach einigem Suchen können wir das Hotel identifizieren. Im Süden leuchtet das Mandalay Bay mit seiner goldenen Fassade und daneben steigen Flugzeuge in den Abendhimmel. Richtung Westen sind die roten Felsen des Red Rock Canyon gut zu erkennen und auch den Trump Tower kann man ausmachen.

Schließlich treibt uns mal wieder der Hunger von einem Aussichtspunkt weg. Uns steht der Sinn nach einem Steak. Dafür gibt es eine gute Quelle, das Casino Ellis Island in der Koval Lane, nicht weit vom Strip entfernt. In dem kleinen Casino kann man hervorragend Steak essen und zudem ein richtig gutes Bier aus der kleinen Micro Brewery genießen. Sollten Sie das Steak Dinner auf der Karte suchen, werden Sie keinen Erfolg haben. Man muss danach fragen. Das Steak wird mit Baked Potato or French Fries, mit Beans und Soup or Salad serviert. Um es bestellen zu können, braucht man allerdings wieder eine Players Card, aber das kennen wir schon. Diesmal brauchen wir uns nicht zu registrieren, denn ich habe meine alte Karte mitgenommen. Auch hier gilt übrigens die Karte für den ganzen Tisch. Bis man diesen zugewiesen bekommt, muss man zwar erfahrungsgemäß ein wenig warten, aber es lohnt sich.
Heute ist es allerdings etwas ungemütlich, denn das Restaurant wird umgebaut. Wir werden darauf hingewiesen, dass es nur eine eingeschränkte Speisekarte gibt, aber als die Nachfrage ergibt, dass das Steak Dinner verfügbar ist, lassen wir uns einen Tisch geben, heute ohne Wartezeit. Das Steak ist, wie immer, hervorragend.
Anschließend geht es zurück zum Haus. Es ist noch recht früh am Tag, aber das hat einen Grund, denn heute ist das Konzert „Ripcord" von Keith Urban, für das wir Karten haben. Jan ist wieder „raus!" Er möchte zu Hause bleiben und den Pool genießen oder vielleicht doch auf eigene Faust zum Strip. Wir weisen nur darauf hin, dass die Strecke ganz schön lang ist, aber er meint: „Das schaffe ich schon."
Kathrin, Claus und ich fahren Richtung Strip. Jetzt ist es von Vorteil, dass wir schon wissen, wo wir genau hin müssen. Leider ist aber das Parkhaus der Arena nur für Karteninhaber der gehobenen Kategorien. Wir werden abgewiesen und folgen dem Strom in ein anderes Parkhaus. Das Parken kostet hier gleich mal 20 $. Da wir zu früh da sind, nutzen

wir die Zeit noch für einen kleinen Bummel am New York New York vorbei Richtung Strip. Es ist richtig warm und die Jacken, die wir vorsichtshalber für das Konzert mitgenommen haben, sind völlig überflüssig – noch!

Ich möchte noch etwas trinken und kaufe eine kleine Flasche Wasser. Die ist noch nicht leer, als wir wieder an der Arena ankommen. Na gut, nehme ich sie eben mit. Heilige Einfalt. Wie komme ich nur auf die Idee, man könne einen so hochexplosiven Stoff wie Wasser zu einem Konzert **mitnehmen**. Die Flasche wird ein Opfer der Sicherheitskontrolle.

Wir steigen bzw. fahren im Inneren der Arena nach oben, ziemlich weit nach oben. Wo ist die Bühne? Da ganz unten! Warum haben wir kein Opernglas mitgenommen? Die aufgehängten Leinwände sind auch keine Hilfe, viel zu klein. Schließlich beginnt das Konzert mit der Vorgruppe, einer jungen Country-Sängerin mit Namen Maren Morris. Sie singt wirklich gut, jedenfalls, soweit wir das beurteilen können, denn die Akustik ist **grottenschlecht**. Und so langsam wird die Musik auch von dem Klappern unserer Zähne übertönt. Die Arena ist heruntergekühlt – und wie!

Unsere Jacken sind viel zu dünn. Kathrin geht Kaffee kaufen – zum Aufwärmen der Hände: „Jurtenkälte!"

Kathrin beschwert sich bei der Platzanweiserin, aber die meint nur, heute sei es gar nicht so kalt, wir sollten mal wiederkommen, wenn hier Eishockey gespielt wird.

Als Keith Urban die Bühne betritt, sind wir schon durchgefroren. Ich mag Keith Urban und seine Lieder wirklich sehr, aber nach einer guten Stunde ist Schluss. Ich habe das Gefühl, meine Zehen sind eingefroren und Kathrin hat schon ansatzweise blaue Lippen. Zum ersten Mal verlassen wir ein Konzert vorzeitig. Und das liegt nicht daran, dass die Musik schlecht wäre. Im Gegenteil, Kathrin ist ganz begeistert. Sie hat sich unter Country etwas anderes vorgestellt. Vielleicht hätte ich vorwarnen sollen, dass Contemporary Country mehr mit Rock und Pop zu tun hat als mit Fiedel und Banjo. Draußen empfangen uns wohlige Wärme und ein etwas panischer Jan. Wir hatten für alle Fälle, also falls er wirklich zu Fuß zum Strip laufen sollte, einen Treffpunkt abgesprochen, an dem er jetzt mit einem leichten „P" für „Panik" im Auge wartet. Er erklärt, dass er schon seit einer halben Stunde auf uns warten würde und der Meinung gewesen sei, das Konzert sei schon beendet und er hätte uns verpasst. Seit er hier warten würde, strömten ununterbrochen Leute aus der Arena. Ob das Konzert so schlecht gewesen sei, fragt er. Nein, aber diese Kälte.

Zum Aufwärmen bummeln wir ein wenig über den Strip, dann geht es nach Hause. Als wir am Mandalay Bay Hotel vorbeikommen, mag Jan gar nicht hinschauen. Sein Weg von unserem Haus zum Strip (Google Maps sagt: 7,1 Meilen, etwas über 11 km) führte an diesem Hotel vorbei. Er musste die Erfahrung machen, dass so große Gebäude einfach nicht näher kommen, wenn man zu Fuß unterwegs ist. Die Strecke muss sich ganz schön gezogen haben.

Für uns ist die Telekom Arena für alle Zeiten gestorben. Wir werden sie nicht so schnell wieder betreten, es sei denn, mit einer Arktis-Ausrüstung einschließlich Schal und Handschuhen.

Da ist es doch am Pool viel schöner (und wärmer!).

Wir sind nun schon ein eingespieltes Team. Das morgendliche Bad im Pool ein festes Ritual. Nach dem Frühstück geht es heute wieder shoppen. Wir haben die Adresse eines TJ Maxx (15.10) in unser Navi eingegeben und schon geht es los. Die Kette gibt es auch in Deutschland, dort heißt sie TK Maxx. In den USA gibt es allerdings mehr als 1000 Läden, alleine in Las Vegas sind es 7, während sie in Deutschland doch nur vereinzelt anzutreffen sind.

Im Laden streben wir in unterschiedliche Richtungen. Damen- oder Herrenoberbekleidung, Modeschmuck, Koffer, Sportswear. Jeder von uns hat da so seine Vorlieben. Ab und zu treffen wir uns vor den Umkleidekabinen, um das eine oder andere Stück anzuprobieren oder die Meinung der anderen zu erfragen. Claus steigt nach kurzer Zeit aus und setzt sich auf die Bank vor den Kabinen, wo er ein kleines Pläuschchen mit der Dame hält, die die Kärtchen vor den Kabinen verteilt.

Als unsere Portemonnaies nichts mehr hergeben, streben wir in Richtung Downtown. Dabei durchfahren wir auch Strecken, die uns unbekannt sind. Und die uns nicht gerade gefallen. Der Norden von Las Vegas ist nicht überall sehenswert.

Das ändert sich augenblicklich, als wir die Fremont Street erreichen und damit den alten Kern der Stadt. Wir parken an der Main Street Station. Dieses Hotel verfügt über ein gutes Buffet in einem der schönsten Räume, die wir in Las Vegas kennen. Aber uns steht nicht der Sinn nach einem Buffet, so groß ist unser Hunger nicht. Wir bummeln lieber ein wenig durch die Downtown. Neu ist hier die Zip Line (15.11), die auf den Namen Slotzilla hört. Hier kann man von einem Turm in Form einer überdimensionalen Slot Machine aus an einem Seil über die Fremont Street schweben. Sicher bei Nacht ein prickelndes Erlebnis. Doch am Tag ist die Fremont Street relativ ruhig. Auch die seltsamen Gestalten, die man hier sonst in der Nacht antrifft, schlafen wahrscheinlich noch. Nur ein paar vereinzelte Showgirls stehen gegen eine kleine Spende für Fotos parat und die Bars sind schon geöffnet und versorgen ihre Kunden mit den großen typischen Drinks.

Wir sehen uns das Golden Nugget Hotel an. Besonders die Pool Area ist spektakulär. Hier kann man in einer Glasrutsche durch ein mit Haien gefülltes Aquarium rutschen. Allerdings ist der Zugang nur Hotelgästen gestattet. Wir haben ein wenig Appetit und gehen auf der Suche nach einem Fast Food Restaurant ins Fremont Hotel. Dort gibt es den „Lanai Express", wo wir uns mit Shrimps-Cocktails für 99 Cents versorgen. Dazu gibt es ein paar Chips. Da die Gläser mit den Shrimps relativ klein sind, gönnen wir uns jeder zwei davon. Danach sind wir gut gesättigt und setzen unseren Bummel fort. Ein Stück weiter spielt ein Geist Schlagzeug. Ein paar Maler packen ihre Utensilien für den Nachmittag aus. In einem Gift Shop entdecken wir, was im Moment an Souvenirs so „in" ist. Nicht unser Geschmack.

Wir drehen um und schlendern zurück. Auf der anderen Seite entdecken wir einen Shop mit Indianerschmuck. 50 % reduziert! Kathrin und ich schütteln nur noch den Kopf.

Es geht nach Hause. Es steht noch die 3. Presidential Debate auf dem Programm. Und die findet in Las Vegas in der Universität statt. Wir sehen ein paar Absperrungen, sind aber auf unserem Weg nicht betroffen.

Noch schnell ein kleines Bad, dann versammeln wir uns vor dem Fernseher. Jan hat eine Gebrauchsanweisung aus dem Internet, wie man sich bei der Debatte verhalten soll. So soll man jedes Mal einen Drink nehmen, wenn Trump sagt: „It's a disaster" oder wenn Clinton süffisant lächelt. Wir versuchen dies am Anfang der Debatte, geben aber nach einer Viertelstunde auf, da wir sonst das Ende nicht mehr erleben würden. Hillary versucht geradezu heldenhaft, Trump mit Argumenten in die Enge zu treiben, er antwortet meist nur

mit einem Wort: „Wrong". Es klingt für uns nach kurzer Zeit wie das Quaken eines Frosches.
Auch diese Debatte gewinnt Hillary nach Meinung der Experten. Keiner kann eben in die Zukunft schauen!

3. Presidential Debate in Las Vegas

Wir sind nach dieser Anhäufung von Unsinn geschafft. Da grillen wir doch lieber und sehen uns die Sterne an.

Anmerkungen ☺😐☹

15.1

Es gibt verschiedene Internetseiten, auf denen man Ferienhäuser in den USA buchen kann. Hier die Seiten, mit denen wir in Las Vegas die besten Erfahrungen gemacht haben:

https://www.vrbo.com/
https://www.hometogo.de
https://www.tripping.com/

Wir waren schon ein paarmal in Las Vegas und haben auch schon in diversen Hotels übernachtet. Die folgenden Seiten im Buch über die Stadt beschäftigen sich daher nur mit diesem Besuch. Sollten Sie weitere Informationen über die Stadt und ihre Attraktionen wollen, kann ich Ihnen mein Buch „Typisch Las Vegas!?" empfehlen. Darin habe ich Informationen über Hotels und Attraktionen sowie zahlreiche Tipps und Möglichkeiten zusammengefasst.

15.2

Warum ich das extra erwähne? Nun, wir haben schon in zahlreichen Hotels in Las Vegas übernachtet und uns nicht nur einmal darüber geärgert, dass die Poolöffnungszeiten nicht mit unserem Zeitplan in Einklang zu bringen waren. Entweder der Pool öffnete zu spät und wir waren schon unterwegs, oder er war am Abend schon so zeitig geschlossen, dass wir es nicht mehr geschafft haben hineinzuspringen.
Und tagsüber sind wir ja meistens unterwegs.

15.3

Sollte Ihnen der Name nicht geläufig sein, macht nichts. Es handelt sich bei ihm um einen in Amerika sehr bekannten Country- und Pop-Sänger, der übrigens mit Nicole Kidman verheiratet ist. Nähere Informationen finden Sie auf seiner Website:

http://keithurban.net/
https://de.wikipedia.org/wiki/Keith_Urban
https://www.youtube.com/user/keithurban

15.4

Wie jede größere Mall in der Stadt verfügt auch das Town Square über eine eigene Internetseite:

http://mytownsquarelasvegas.com/

15.5

Auf den Internetseiten finden Sie die Stellen, an denen sich solche Kioske befinden, und können sehen, welche Tickets (Tix!) für welche Shows heute und morgen besonders günstig angeboten werden. Besonders unter der Woche finden sich hier sehr günstige Angebote:

http://www.tix4tonight.com/locations/
http://www.tix4tonight.com/vegas-shows/

15.6

http://www.t-mobilearena.com/
https://de.wikipedia.org/wiki/T-Mobile_Arena_(Las_Vegas)

15.7

http://www.basspro.com/
https://en.wikipedia.org/wiki/Bass_Pro_Shops

15.8

https://www.rossstores.com/

15.9

http://ellisislandcasino.com/

15.10

http://tjmaxx.tjx.com/#main
https://en.wikipedia.org/wiki/T.J._Maxx

15.11

http://vegasexperience.com/slotzilla-zip-line/
https://www.youtube.com/watch?v=wYcjzeanos0

16. Valley of Fire

Gegen heftigen Protest werden unsere Männer heute früh aus dem Bett geworfen, denn wir haben einen Ausflug auf dem Plan stehen. Es soll in das Valley of Fire gehen (16.1). Dieser fantastische State Park, rund 50 Meilen und damit eine Autostunde nördlich von Las Vegas gelegen, ist für uns immer einen Besuch wert. Der Park hat seinen Namen von den roten Sandsteinformationen, die im Licht der Sonne zu glühen scheinen. Er ist der älteste State Park in Nevada.

Wir erreichen den Park über die I 15 von Westen her. Kurz bevor auf der rechten Seite der Straße die Beehives, eine markante Felsformation, auftaucht, biegen wir nach links ab. Diese Straße führt zum Campground und zum Piano Rock. Nach ein paar Metern halten wir an und sehen uns die Gegend näher an. Hier kann man überall zwischen den Felsen herumklettern und die einzelnen Formationen für sich entdecken.

Felsformationen im Valley of Fire

Überall sind kleine und größere Felsbögen, ausgewaschene Höhlen und seltsam geformte Felsen zu sehen. Die Fotomotive sind vielfältig. Eigentlich waren wir auf der Suche nach einem bestimmten Arch. Jan hat die Koordinaten ins Garmin eingegeben und marschiert los. Claus und ich sind uns ziemlich sicher, dass der Arch auf der anderen Seite der Straße liegen müsste. Und wirklich, nach ein paar Minuten kommt unser Entdecker unverrichteter Dinge wieder. Kein Arch. Claus und er überprüfen noch einmal die Einstellungen und müssen leider feststellen, dass das Garmin nicht richtig justiert ist. Wir haben schlicht das falsche Format eingestellt, wissen aber nicht ad hoc, wie man es umstellt. Da müssen wir wohl noch einmal wiederkommen, denn ohne GPS ist dieser spezielle Arch nicht zu finden. Aber auch sonst gibt es so viel zu sehen, da können wir auf einen bestimmten Arch verzichten.

Es wird langsam wärmer. Wir setzen unsere Erkundungen ein wenig aus und machen eine kurze Pause im Visitor Center. Nach einem Film über Klapperschlangen wissen wir nun, dass es in diesem State Park sechs verschiedene Arten gibt. Sollte man gebissen werden, wäre es hilfreich, die entsprechende Art bei dem zwangsläufig anstehenden Krankenhausbesuch benennen zu können. Mitbringen sollte man die Schlange aber auf keinen Fall. Anschließend geht es über den Scenic Drive nordwärts. Wir zählen die Parkplätze, einer, zwei, drei – halten. Vom dritten Parkplatz aus startet der Wanderweg zur Fire Wave (16.2). An einer hohen Wand vorbei geht es hoch und runter, dann erreichen wir eine ebene Fläche, die von farbigen Bändern durchzogen scheint.

Farbige Felsbänder im Valley of Fire State Park

Die Orientierung ist nicht schwer, denn mit uns strömen eine ganze Menge Menschen zur Wave. Besonders zwei Asiatinnen, bewaffnet mit riesigen Objektiven, gelingt es immer wieder, uns ins Bild zu springen. Da ist ein wenig Geduld gefordert. Aber wir nehmen uns die Zeit. Schließlich erreichen wir die Felsformation, die als Fire Wave bekannt geworden ist (16.3). Die Sonne lässt sie wirklich glühen. Wir sind begeistert von der Natur und gleichzeitig amüsiert von den anderen Touristen, die zum Teil zielstrebig daran vorbeilaufen. Ein älterer Herr möchte die Wave erklimmen und überschätzt dabei seine Fähigkeiten. Gemeinsam mit seiner besorgten Ehefrau gelingt es uns, ihn zu „retten" und wieder herunterzuführen. Wir haben diese Probleme (noch ☺) nicht. Nacheinander steigen wir hoch, machen unsere Fotos und klettern wieder herunter („klettern" ist eigentlich schon zu viel gesagt, es geht eigentlich nur schräg hoch und runter!).

Oben auf der Fire Wave

Nach einer kurzen Rast im Schatten und dem Leeren unserer Wasserflaschen machen wir uns wieder auf den Rückweg. Vom Parkplatz geht es in den Fire Canyon. Da die Zeit aber schon fortgeschritten ist (im Valley of Fire reicht unsere Zeit nie (!) aus), wagen wir nur einen Blick hinein und machen uns auf den Weg zurück nach Las Vegas.
Der Pool wartet auf uns. Es steht aber noch die Entscheidung aus, was es heute zum Abendessen geben soll. Grillen war gestern, da scheint heute wieder ein Buffet angemessen. Da sich unser Haus sowieso im Süden der Stadt befindet, fällt unsere Wahl auf das M Resort (16.4) und das dortige Buffet „Studio B". Es ist, wie wir einstimmig feststellen, eines der besten Buffets der Stadt. Es gibt vielleicht ein oder zwei Buffets, die besser sind, aber die sind auch deutlich teuer. Hier bekommt man zum Preis von 24,99 $ für das Dinner eine Riesenauswahl an Fisch, Fleisch, Beilagen und Gemüse. Alles ganz frisch, alles lecker. Besonders angetan sind wir von der Dessertabteilung, einfach fantastisch. Dazu gibt es Getränke nach Wahl, sogar Bier, Wein und einen schmackhaften Cidre.
Total satt rollen wir nach Hause.

Anmerkungen ☺😐☹

16.1

http://parks.nv.gov/parks/valley-of-fire
http://www.canyon-trails.de/fire.htm
https://en.wikipedia.org/wiki/Valley_of_Fire_State_Park

16.2

Diese „Fire Wave" bitte nicht verwechseln mit <u>der</u> (!) Wave in den Coyote Buttes zwischen dem Paria Canyon und den Vermilion Cliffs. Die Popularität der dortigen Wave hat dazu geführt, dass man mittlerweile ein Permit dafür braucht. Nur 20 Besucher pro Tag dürfen diese Gegend betreten, die Hälfte davon wird verlost, die andere Hälfte bekommen sogenannte „Walk-ins" im Grand Staircase-Escalante National Monument Visitor Center in Kanab jeweils für den kommenden Tag. Auch diese werden verlost, wenn mehr als 10 Leute da sind. Ich habe schon von Leuten gehört, die mehrere Jahre auf ein Permit gewartet haben. Und ein gut gemeinter Rat: starten Sie **keinen** Besuch ohne Permit. Da verstehen die Ranger keinen Spaß!

16.3

In der Ausgabe von 2011 des Reisehandbuches von Hans-Rudolf Grundmann und Isabel Synnatschke war das Foto der Fire Wave auf dem Cover zu bewundern. Mittlerweile findet sich dort in der Neuauflage von 2017 ein Bild aus dem Yellowstone National Park.

16.4

http://www.themresort.com/
http://www.themresort.com/restaurants-bars/dining/studio-b-buffet

17. Willow Beach

Unsere Männer haben es schon nicht leicht. Auch heute ist wieder frühes Aufstehen angesagt. Wieder steht ein Ausflug auf der „To-do"-Liste. Es steht immer noch eine Bootsfahrt aus (17.1).

Auch heute dauert die Fahrt nur knapp eine Stunde. Wir verlassen Vegas über die Interstates 215 und 515 Richtung Boulder City. Von dort geht es am Hoover Dam vorbei auf der gigantischen Brücke auf der 93 weiter nach Süden. Nach ein paar Meilen erreichen wir die Abzweigung zur Willow Beach Marina. Zu unserem Erstaunen liegt der Zugang zur Marina neuerdings auch in der Lake Mead National Recreation Area und kostet Eintritt. Zum letzten Mal in diesem Urlaub kommt unser Annual Pass zum Einsatz. Bewaffnet mit der obligatorischen Informationskarte, die sich zu einem Sammelobjekt gemausert hat, geht es zum Visitor Center. Hier erfragen wir die Möglichkeiten für eine Bootsmiete. Wir bekommen für einen halben Tag ein Boot für 125 $ (plus Benzin – Tanken nach Rückgabe). Wir schlagen zu und erhalten eine Einweisung per Video und einen umfangreichen Vertrag. Darin sind alle Dinge festgelegt, die wir nicht dürfen (Motor schrotten, Schraube abfahren, Boot beschädigen – haben wir alles nicht vor).

Nur noch schnell ein paar Vorräte aus dem Auto holen, dann kann es losgehen. Claus kennt sich schon ein wenig mit der Handhabung aus. Wir sind schon ein paar Mal mit einem Boot unterwegs gewesen (einen Bootsführerschein braucht man für die von uns gebuchte Größe des Bootes nicht).

Wir tuckern so langsam aus dem Hafenbecken heraus. Hier ist es verboten, schnell zu fahren und dadurch Wellen zu machen. Ein Schild markiert die Grenze und wir geben Gas. Langsam geht es auf dem Colorado Richtung Hoover Dam. Die Sonne scheint und das ist auch gut so, denn auf dem

Wasser ist es erstaunlich frisch. Zumindest zu dieser Tageszeit noch.

Unser kleines Boot, ausreichend für 4 Personen

Entlang des Flusses gibt es viel zu entdecken. Wir sehen jede Menge Vögel, die am Ufer nach Nahrung suchen, überholen Kanus auf ihrem Weg zum Damm und sehen Spuren von früherem Bergbau an den Felswänden. Zahlreiche Kakteen unterschiedlicher Form und Größe klammern sich an den Hängen fest.

Auf dem Colorado

So langsam treiben wir auf dem Fluss dahin. Nach einiger Zeit passieren wir einen Campingplatz, der nur vom Wasser aus erreichbar ist. Hier sind noch ein paar Leute dabei, ihre Sachen von der Nacht zusammenzutragen.
Kurze Zeit später warnt uns ein Schild vor Felsen unter Wasser. Vorsichtshalber werden wir langsamer, aber noch ist im Wasser nichts zu entdecken. Dann hören wir ein unheilvolles Kratzen unter dem Bug. Just in dem Moment kommt uns ein Boot entgegen. Der Führer winkt hektisch und macht ein eindeutiges Zeichen, indem er mit der Hand waagerecht über den Hals fährt. Wir stoppen! Er gibt uns Zeichen, dass es zu gefährlich ist weiterzufahren, der Wasserstand ist zu niedrig.
Schade, unserer Einschätzung nach sind wir nicht mehr weit vom Damm entfernt und den hätten wir doch zu gerne von unten gesehen. Aber Sicherheit geht vor. Wir wenden und fahren langsam zurück. Dabei behalten wir die Wasseroberfläche genauestens im Blick. Und jetzt entdecken wir auch einige Felsen, die deutlich sichtbar sind. Da haben wir auf dem Hinweg wohl Glück gehabt.

Warnschild auf dem Colorado

Nachdem wir das Warnschild in Gegenrichtung passiert haben, wird das Wasser tiefer und wir können wieder Gas geben.
Mittlerweile steht die Sonne hoch am Himmel und wir fahren ihr genau entgegen. Es wird warm, sehr warm. Selbst der Fahrtwind ist chancenlos gegen diese Strahlen. Nur die vorderen Sitze sind im Schatten, wir wechseln uns ab, damit ihn jeder mal kurz genießen kann. Als die Fahrrinne enger wird, suchen wir den Schatten der Felswände. Dort ist es ein wenig kühler.
Wir sind reichlich geschafft, als wir die Marina wieder in Sichtweite haben. Eigentlich hätten wir noch eine halbe Stunde Zeit, um auch die andere Fahrtrichtung noch zu erkunden, aber wir haben genug für heute.
Wir steuern den Hafen an, entladen das Boot, werden betankt und bezahlen die ausstehende Summe.
Zurück auf dem Weg nach Las Vegas gehen wir noch einkaufen. Heute wollen wir wieder zu Hause essen. Da kommt uns ein Trader Joe's ([17.3](#)) gerade recht. Die Handelskette, die übrigens zum Aldi Nord Konzern gehört, hat ein Sortiment, das ein wenig ökologisch und ein wenig vegetarisch ist und ein paar Delikatessen anbietet. Eine Besonderheit sind die mit Hawaiihemden bekleideten Mitarbeiter und die vielen Probierstände. Amerikanische Marken gibt es nicht.
Mit unseren Einkäufen geht es, schwer beladen, wieder in unser Haus und in den Pool.

Anmerkungen ☺😐☹

17.1

Eigentlich wollten wir schon auf dem Lake Powell mit dem Boot fahren. Ziel wäre die Rainbow Bridge gewesen.
https://de.wikipedia.org/wiki/Rainbow_Bridge_National_Monument
https://www.nps.gov/rabr/index.htm
Die Bootsfahrt von der Wahweap Marina zu diesem National Monument dauert den ganzen Tag, da die Bridge 50 Meilen vom Anleger entfernt liegt. Das wäre nicht das Problem gewesen, aber der Preis. Dieser beträgt 122 $ pro Person. Wir hatten noch kurz überlegt, ob wir uns in Eigenregie ein Boot mieten sollen, aber es war leider alles ausgebucht. So haben wir schweren Herzens auf diese Bootsfahrt verzichtet.

17.2

Informieren Sie sich über die erlaubten Fahrtzeiten. Sonntag und Montag ist das Befahren mit einem Motorboot generell nicht gestattet.

http://www.willowbeachharbor.com/

17.3

http://www.traderjoes.com/

18. The End

Heute ist unser letzter Tag in Las Vegas. Wir haben keine besonderen Pläne und werden noch ein wenig shoppen gehen und Koffer packen.
Jeder hat noch ein paar kleinere Dinge, die er gerne mit nach Hause nehmen möchte. Auf Jan wartet zu Hause eine Halloween Party und er möchte sich vielleicht etwas Passendes an Verkleidung mitnehmen. Ich möchte noch einmal Walmart-Luft schnuppern und Kathrin überlegt, sich einen neuen Koffer zuzulegen.
Nach einem ausgiebigen Frühstück fahren wir in die Stadt. Auf dem Weg entdecken wir einen Halloween Shop, an dem wir anhalten.
In „Halloween City" warten Schlangen, Spinnen, bösartige Clowns und Geister auf uns. Aber zum einen sind die Teile relativ teuer, zum anderen sind sie uns zu düster. Besonders abschreckend finden wir eine Maske, die aussieht, als habe man ein Gesicht aufgeschnitten, Kinn und Nase freigelegt und mit einem Reißverschluss wiederverschließbar gemacht. Nein, danke.
Die Sache mit dem neuen Koffer ist da schon wesentlich einfacher zu bewerkstelligen. Dafür gibt es bei TJ Maxx eine große Auswahl.
Und auch mein Wunsch nach einem Walmart lässt sich erfüllen. Dabei nutzen wir gleich die Gelegenheit, ein paar Dinge, die wir am Anfang des Urlaubs gekauft und nicht gebraucht haben, wieder zurückzugeben. Ich bin immer wieder begeistert, wie einfach und großzügig dies geht. Vielleicht auch, weil man aus Erfahrung weiß, dass die meisten Kunden das zurückerhaltene Geld doch wieder gleich dalassen. Wir tun dies auch, denn Jan entdeckt hier ein passendes T-Shirt für Halloween und ich finde noch CDs von Maren Morris und Keith Urban. Die müssen natürlich mit.

Jan hat noch ein Erlebnis der besonderen Art. Er beobachtet eine ältere Dame (recht alt, wir schätzen, so um die 80 Jahre), die hinter der Kasse Einkaufswagen zusammenschiebt, und ist entsetzt. Renten- und Sozialleistungen sind nicht die starke Seite der Amerikaner und so müssen viele Menschen im Rentenalter ihr Einkommen durch Nebentätigkeiten aufbessern. Auch eine Erfahrung!
Schließlich sind wir alle zu unseren letzten Einkäufen gekommen und fahren zufrieden zum Haus zurück.
Jetzt beginnt, noch vor dem Grillen, der ungemütliche Teil, die Koffer müssen gepackt werden. Es ist immer wieder erstaunlich, was sich so in einem Urlaub ansammelt. Schließlich, nach einer harten Stunde Arbeit, ist alles untergebracht (mehr oder weniger – der Rest muss ins Handgepäck) und wir können den letzten Abend in vollen Zügen genießen. Wir halten ein wenig Rückschau und sind mit unserem Urlaub voll und ganz zufrieden.
Morgen früh werden wir unser Auto abgeben und den Flieger nach Frankfurt besteigen.
Wir sind uns alle einig, dass wir wieder nach Amerika fliegen werden.
Ein paar Erfahrungen nehmen wir mit, ebenso wie ein paar geflügelte Worte wie z. B. „Jurtenkälte", "Einmal mit Profis arbeiten!" oder auch die „Festivalqualität". Für den Ausdruck allerhöchster Begeisterung hat sich „Kann man mal machen!" in unseren Wortschatz eingeschlichen.
Wenn Sie sich jetzt wundern sollten, dass wir in Las Vegas gar keine Hotels besichtigt haben, nun, wir sind nicht zum ersten Mal in der Stadt. Claus und ich kennen so ziemlich alle Hotels und Kathrin und Jan hatten bei ihrem ersten Besuch im letzten Jahr eine ausführliche Führung durch die bekannten und berühmten Hotels wie z. B. Bellagio, Venice, Caesar's Palace oder Planet Hollywood.
Und schließlich wollen wir noch einmal wiederkommen ☺.

19. Route und Hotelliste

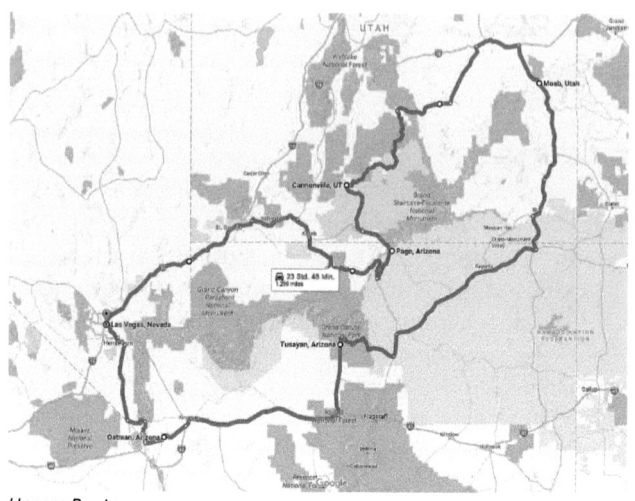

Unsere Route

Eastside Cannery, Las Vegas
http://www.eastsidecannery.com/

Canyon Lodge, Seligman
http://route66canyonlodge.com/

Yavapai Lodge, Grand Canyon
http://www.visitgrandcanyon.com/?utm_source=googlemaps&utm_medium=local&utm_campaign=yavapailodge

San Juan Inn, Mexican Hat
http://www.sanjuaninn.net/

Riverside Inn, Moab – keine eigene Homepage

Grand Staircase Inn, Cannonville
http://grandstaircaseinn.com/

Best Western Plus Lake Powell, Page
https://www.bestwestern.com/en_US/book/hotel-details.03117.html?iata=00171880&ssob=BLBWI0004G&cid=BLBWI0004G:google:gmb:03117

Page Boy Motel, Page
http://www.thepageboymotel.com/

Virgin River Casino, Mesquite
http://virginriver.com/

20. Internetseiten

Interessante Seiten im Internet:

Buchungen:

https://www.billiger-mietwagen.de/
https://www.mietwagen-check.de/mietwagen-USA-Preisvergleich-47.html
http://www.opodo.de/

https://www.skyscanner.de/
https://flug.check24.de/?wpset=google_flug_brand_01&keyword=check24%20flug&gclid=CKSqiLeMg9ICFYMK0wodkWgFcw

Planung:

http://www.canyon-trails.de/info.htm
http://www.usa-reporter.com/reporter/
http://www.ushikes.com/index.htm
http://www.scenicusa.net/index.html
USA Travel Guide
USA Hiking Database

21. Literaturhinweise

Das Standardwerk überhaupt aus meiner Sicht, mit einer aktuellen Neuauflage 2017, ist:

Hans-Rudolf Grundmann und Isabel Synnatschke
USA - Der ganze Westen: Das komplette Handbuch für Reisen zu Nationalparks, Cities und vielen Zielen abseits der Hauptrouten in allen Weststaaten.
Ebenso empfehlenswert ist von den gleichen Autoren:
USA Südwesten mit ganz Kalifornien
In beiden Büchern finden sich nicht nur alle wichtigen Informationen über Routen durch den Südwesten, sondern sie enthalten eine Unmenge von Reisetipps allgemeiner Art zu einer Rundreise überhaupt.

Für viele einzelne Staaten gibt es die **Moon Handbooks**, eine Reihe in englischer Sprache, die ich sehr empfehlen kann. Es sind zwar keine (oder nur wenige) bunten Bilder enthalten, dafür stimmen aber die Informationen, und der Zugriff auf einzelne Attraktionen oder Orte ist gut.

Ebenfalls empfehlenswert sind die **Michelin Green Guides**. Die beiden Bände USA West und East bieten eine großräumige Übersicht. Zusätzlich gibt es noch verschiedene Bände zu einzelnen Bundesstaaten wie z. B. California oder Florida und spezielle Bände als Städteführer, wie San Francisco und New York.
Sie bieten neben Rundreisehinweisen auch Wertungen einzelner Sehenswürdigkeiten, die vielleicht nicht originell, aber zutreffend sind. Wer das erste Mal in die USA reist, bekommt so eine gute Übersicht über wirklich herausragende (highly recommended) Ziele - und wer etwas mehr Zeit hat, kann noch die mit zwei Sternen versehenen (recommended) Ziele ansteuern.
Auch die Reihe **Baedeker Allianz Reiseführer** bietet für die unterschiedlichen Regionen der USA wertvolle Informationen, Übersichten und Hintergrundgeschichten.
Gleiches gilt für die **Vis à Vis Reiseführer** aus dem Verlag Dorling Kindersley zum Thema USA. In diese muss man sich zwar etwas "hineinarbeiten", dann sind sie aber sehr informativ und bieten neben vielen Tipps und Hinweisen vor allem Grundrisse und 3D-Zeichnungen (hier findet man auch viele farbige Abbildungen).

Die besten Führer zu Natursehenswürdigkeiten im Westen sind die "Photographing ... "-Bücher, die von Laurent Martres, einem amerikanischen Fotografen, initiiert wurden. Diese gibt es für Southern Utah, Colorado und New Mexico, Arizona, Washington, Oregon und California.

Übrigens ist das schnelle Nachschlagen von Informationen in einem Reiseführer das wichtigste Argument für eine gedruckte Version desselben. Online-Reiseführer oder Internetforen können vor der Reise wichtige Informationen liefern, sind aber vor Ort genauso unpraktisch wie das Blättern in einem eBook.

Insgesamt ist aber die Reiseliteratur über die USA so vielfältig wie das Land selbst.

22. Weitere Bücher von Petra Berneker

Seit 1987 ist die Autorin zusammen mit ihrem Mann in regelmäßigen Abständen in verschiedensten Regionen der USA unterwegs. Sowohl mit dem Auto als auch mit dem Wohnmobil hat sie dabei Land und Leute im wahrsten Sinne des Wortes „erfahren".
Im Frühjahr 2012 unternahm sie eine Überführungsfahrt mit einem Wohnmobil von Chicago nach Las Vegas.
Der vorliegende Reisebericht schildert die Besonderheiten dieser Reise und beleuchtet die dabei gesammelten Erfahrungen und Eindrücke.
Angereichert werden die gemachten Erlebnisse durch viele Hinweise und praktische Tipps, die in heiterer Form Vor- und Nachteile einer solchen Form des Reisens schildern.
Es handelt sich bei diesem Buch nicht um einen Reiseführer im herkömmlichen Sinne, vielmehr soll dem Leser in unterhaltsamer und kurzweiliger Form ein Einblick in das Reisen mit einem Wohnmobil gegeben werden.

Dieses Buch ist ein Band der Reihe „Amerikaverrückt".
ISBN: 978-3-73228-149-7

Nach zahlreichen Reisen zu den typischen Touristenzielen in den USA, wie Kalifornien, Florida und den Südwesten, machte die Autorin zusammen mit ihrem Mann eine Rundreise durch den Westen der USA, durch Colorado, Nebraska, South Dakota, Wyoming und Montana. Beeindruckt von der Weite der Landschaft, der reichhaltigen Tierwelt und den Naturwundern des Yellowstone National Parks, schildert sie humorvoll und informativ, wie sie diesen Landstrich, den eigentlichen „Wilden Westen", erlebt hat.
Angereichert wird der Bericht durch Hinweise und praktische Tipps sowie zahlreiche Links zu interessanten Seiten im Internet.

Dieses Buch ist ein Band der Reihe „Amerikaverrückt".
ISBN: 978-3-73579-132-0

Seit vielen Jahren ist die Autorin zusammen mit ihrem Mann in regelmäßigen Abständen in den USA unterwegs. Sowohl mit dem Auto als auch mit dem Wohnmobil hat sie dabei das faszinierende Land erkundet und viele Erfahrungen gesammelt.
Immer wieder wurde sie dabei auch mit den Tücken einer selbstgeplanten Reise konfrontiert. So entstand ein reicher Schatz an Erlebnissen und Erfahrungen.
Auf der Basis einer aktuellen Reihe von Vorträgen zum Thema „Urlaubsplanung USA" entstand schließlich die Idee zu diesem Buch.
Angereichert durch eigene Erlebnisse und Anekdoten werden viele Hinweise, praktische Tipps und zahlreiche Links gegeben, die kurzweilig Vorzüge einer USA-Reise schildern und dabei helfen, kleine Stolpersteine zu umschiffen.

Dieses Buch ist ein Band der Reihe „Amerikaverrückt".
ISBN: 978-3-73576-257-3

Urlaub in Las Vegas? Mehr als nur ein oder zwei Tage in der Stadt verbringen? Ist das möglich?
Zu einem akzeptablen Preis in einem tollen 5-Sterne-Hotel übernachten? Eine faszinierende Landschaft erleben? Etwas über die Geschichte der USA erfahren oder selbst in einem Boot den Colorado befahren? Carlos Santana oder Celine Dion live sehen? Sie mögen gutes Essen und kurzweilige Unterhaltung? Sie interessieren sich für Oldtimer? Fliegen Sie nach Las Vegas!
Sie wollen einmal am tiefsten Punkt der nördlichen Hemisphäre stehen? Dann fliegen Sie nach Las Vegas und folgen Sie den Hinweisen in diesem Buch.
Sie glauben mir nicht? Dann folgen Sie mir in eine faszinierende Stadt, die sicher auch ihre Schattenseiten hat (welche Großstadt hat die nicht?), aber eine wahre Traumstadt ist.

ISBN: 978-3-7347-5741-9